课程、学习与技术前沿系列教材

大脑可塑性与教育

耿凤基　主编

ZHEJIANG UNIVERSITY PRESS
浙江大学出版社
·杭州·

图书在版编目（CIP）数据

大脑可塑性与教育 / 耿凤基主编. -- 杭州 ：浙江
大学出版社，2025. 6. -- ISBN 978-7-308-26142-5

Ⅰ．G40-05

中国国家版本馆 CIP 数据核字第 20255R0W76 号

大脑可塑性与教育
DANAO KESUXING YU JIAOYU

耿凤基　主编

策划编辑	黄娟琴　李　晨	
责任编辑	沈巧华	
责任校对	高士吟	
封面设计	周　灵	
出版发行	浙江大学出版社	
	（杭州市天目山路148号　邮政编码310007）	
	（网址：http://www.zjupress.com）	
排　　版	杭州林智广告有限公司	
印　　刷	杭州捷派印务有限公司	
开　　本	787mm×1092mm　1/16	
印　　张	10.75	
字　　数	229千	
版 印 次	2025年6月第1版　2025年6月第1次印刷	
书　　号	ISBN 978-7-308-26142-5	
定　　价	42.00元	

总　序

课程、学习与技术前沿系列教材共 11 册，由浙江大学教育学院课程与学习科学系的十余位老师编写。该系列教材的内容涉及课程与教学论、教育技术学、学习科学、脑科学等多个学科领域，具有前沿、多元、交叉等特点。

由课程教学论专业盛群力教授担任主编的《教学设计——学与教的模式》将面向课堂探讨教学设计理论和程序、帮助学习者更有效地进行课堂学习作为全书核心，以学习过程研究的理论为依据，探究教学活动的有效性，突出学与教过程的统一；以学习结果分类理论为依据，讨论教学策略的选择和运用，强调教学目标、教学过程和教学评价三者的一致性。

由课程教学论专业刘正伟教授担任主编的《语文课程、教材与教学国际比较研究》对 21 世纪以来发达国家母语课程、教材及教学改革进行了比较研究，阐述了数字化时代国际母语教育形成的共同理念、教学模式，以及教学传统与个性特色。

由课程教学论专业刘徽教授担任主编的《课堂问答的智慧与艺术》与教师课堂问答实践中的真实困惑和现存问题紧密对接，从什么是有效的课堂问答、怎样设计好的问题、怎样提问、怎样解答、怎样教会学生提问五大方面全方位解答了"如何构建促进学生深度思考的课堂问答"。

由课程教学论专业刘徽教授担任主编的《走向深度的合作学习》基于对合作学习在教学实践中重要作用的深思，立足于对合作学习内涵、定义、机制等的深入探讨，围绕合作学习的小组构建、策略方法、课堂实施、评价方式等全面阐述了"如何设计促进学生深度思考的合作学习"。

由教育技术学专业李艳教授和百人计划研究员陈娟娟博士所著的《学习科学与技术》重点介绍了学习科学与技术领域的基本概念和国内外现状，具体内容包括学习科学的基础、教与学中的技术、多媒体学习理论、学习科学方法论、学习设计与学习工程、计算机支持的协作学习、学习评估以及未来的学习。

由课程教学论专业屠莉娅副教授担任主编的《创意课程与学习》聚焦当前课程与学习改革的新理论、新实践与新策略，以素养导向下重构知识与超越学科的学习、非认知性学习和环境、媒介与学习变革为主要模块与主题，分析当前课程与学习变革的繁杂的理论和改革新取向，以推动课程与学习转型的实践。

由课程教学论专业何珊云副教授担任主编的《项目化学习的理论与实践》聚焦教与

学方式的改革，从概念理解、学习价值、学习过程、核心要素、实践深化等方面，梳理了项目化学习的理论与发展，呈现了其多样的实践框架，为拔尖创新人才培养提供了有效的落实路径。

由教育技术学专业长聘副教授耿凤基博士担任主编的《大脑可塑性与教育》融合教育学、心理学和神经科学，解析认知学习的神经机制并将其应用于教学实践。内容包括注意力、记忆、执行控制、思维能力、社会情绪和动机的认知神经基础及其发展规律，并基于此总结了可以通过哪些教育干预策略提升个体的认知学习能力。

由教育技术学专业长聘副教授欧阳璠博士担任主编的《教育学中的数据科学》介绍了三个教育学中的数据科学的基本应用领域，分别是学习分析、教育数据挖掘和人工智能教育，阐述了这三个领域中的概念、技术、教学和研究应用，以及这三个领域面临的问题和发展趋势，旨在促进数据科学驱动的教育实践及研究。

由教育技术学专业特聘研究员翟雪松博士和教育技术学专业李艳教授担任主编的《智能教育的理论与实践》探讨了人工智能技术与教育教学融合应用的发展与趋势。教材分析了不同历史时期智能技术对教育发展的重要推动价值，并在此基础上分析了利用智能技术进行教育教学的理论基础，以及智慧学习环境、智能教学工具、智能评价等应用维度。

由课程教学论专业百人计划研究员汪靖博士担任主编的《基于核心素养的教学设计与实践》主要围绕核心素养的内涵、框架、要素，以及支持核心素养培养的课程和教学实践展开深入探讨，为"培养什么样的人，如何培养人，为谁培养人"这一系列教育根本问题提供理论依据和实践指导。

感谢本系列教材编写团队的所有人员，他们在教材编写过程中投入了大量的时间和精力。也特别感谢浙江大学本科生院和浙江大学出版社对本系列教材出版的大力支持。

课程、学习与技术前沿系列教材全体作者

于浙江大学紫金港校区

2024 年 8 月 10 日

前　言

自 20 世纪 90 年代以来，随着脑影像技术的不断进步，人类大脑的结构和功能研究已成为脑科学的重要研究方向。教育学与脑科学之间存在着天然的内在联系。教育学的核心问题是如何更有效地促进教学与学习，而脑科学则致力于揭示支撑这些过程的认知神经基础。换言之，教学与学习的生物学基础正是人类的大脑。因此，教育与脑科学的交叉融合尤为重要。脑科学的研究成果能够为教育研究和实践提供理论指导，同时，教育实践中的实际问题也为脑科学的探索提供了丰富的应用情境和研究土壤。

党的二十大报告明确提出，到 2035 年要建成教育强国，这为我国教育的发展指明了方向，也为教育的改革和创新提供了战略蓝图。实现教育强国的目标，不仅需要提升教育质量、优化教育资源配置，还需要在教育理念和教育手段上进行深刻变革。脑科学作为一门前沿学科，能为教育提供新的视角和方法。通过对大脑可塑性和认知神经机制的研究，我们能够更加精准地理解学生的学习过程、认知发展和心理变化，从而为教育实践提供科学依据。因此，将教育与脑科学的研究成果结合，不仅有助于推动教育理念的创新，更能在基础教育、素质教育、终身教育等各个层面实现精准施教，为建设教育强国提供强有力的支持。

教育与脑科学的交叉融合，已经对教育领域产生了深远的影响。从认知神经科学的视角出发，教育研究者越来越能深入了解学习过程中的脑机制，例如，注意、记忆、语言和情感的神经基础。这些研究成果正在重新定义课堂教学的方式和方法，推动教育理念向更科学、个性化、差异化的方向发展。例如，脑科学的研究表明，学生的学习能力与大脑的可塑性密切相关，这促使教育者更加关注学生的个体差异，探索更适合学生大脑发育的教学模式。此外，脑科学的发现也为教学内容的设计提供了依据，帮助教师根据学生的大脑发育阶段作出更加合理的课程安排。随着脑科学研究的深入，教育的实践正逐步实现从传统经验到科学方法的转型，这种转型正在提升教育质量，并为每个学生的发展提供更加精准的支持。

本书共包含七章。

第 1 章介绍了神经元如何通过电化学信号传递信息，以及这些过程如何在神经系统中构建复杂的信息处理网络。在整个生命过程中，生成新的神经元和新的突触是可能的，表明大脑具有可塑性。这种可塑性是大脑适应环境变化、学习新技能和形成记忆的关键。

第 2 章指出记忆是过去经历的事物在大脑中留下的痕迹，对个体的学习和生活起着重要作用。基于此，本章主要围绕记忆，系统梳理了从基础研究到实践研究的脉络，并

进一步探讨了如何将记忆策略应用于教育实践。

第 3 章指出注意对于个体的学习、工作、生活等方面起着至关重要的作用。本章主要围绕大脑可塑性与注意的发展和培养，梳理了注意的概念、类型、理论和神经生理机制等，归纳了注意发展的规律和影响因素，并总结了注意力培养的教育干预策略。

第 4 章指出认知控制能力在个体生活和学习中扮演着重要角色，是个体完成目标任务和掌控人生的关键。在学校教学中，教师有必要了解学生的认知控制水平，并在课堂教学活动中融入培养和提高学生认知控制能力的教学设计与互动活动。

第 5 章指出创造性思维是一种具有开创意义的高阶思维能力，它有助于人类开拓新的认识领域并产生新的认知成果。创造性思维与记忆、注意和认知控制及相关神经基础紧密相连。因此，越来越多的教育工作者积极倡导将创造性思维理念融入中小学教育体系和日常课程之中。

第 6 章指出情绪是人类在适应生存环境和实现个体发展过程中的重要心理活动。情绪的产生和调节涉及多个脑结构，这些结构相互作用，共同构成情绪的神经基础。遵循情绪产生和调节的规律实施教育策略，能够帮助学生提升学习效率，促进学生社会情感能力的发展。

第 7 章阐明动机是在目标或对象的引导下，激发和维持个体活动的内在心理过程或内部动力。本章介绍了动机的概念和理论，并指出其神经基础包括奖赏回路、价值决策回路和认知控制回路等，并介绍了相应的学习动机激发策略。

总之，本书通过整合教育学、心理学与脑科学的前沿研究，探讨了脑科学如何为教育实践提供科学依据，并推动教育理念与方法的创新。教育与脑科学的交叉融合，不仅为提升教育质量、优化教学方式提供了新的视角，也为教育的个性化与精准化发展奠定了基础。在党的二十大精神指引下，结合脑科学的研究成果，教育强国建设的目标更加明确，科学化、个性化的教育理念正逐步落地。全书系统性地阐述了脑科学对记忆、注意、认知控制、创造性思维、情绪与动机等教育关键领域的深刻影响，致力于为教育者提供理论支持与实践指导，以推动教育领域的持续发展与创新。

感谢浙江大学教育学院硕博研究生（郝晓鑫、史东麟、徐文文、贺颖、刘嘉欣、邓欣妍、任丽园）为本书收集了大量宝贵资料。特别感谢浙江大学本科生院和浙江大学出版社对本教材出版给予的鼎力支持。

本书在内容、结构和体例等方面可能仍存在不足，恳请广大读者提出宝贵意见与建议，以便我们在后续修订中进一步完善。

耿凤基

于浙江大学紫金港校区

2025 年 1 月 1 日

C O N T 目 录 E N T S

第 1 章

认识大脑及其可塑性

本章思维导图与关键问题 ▶ ▶

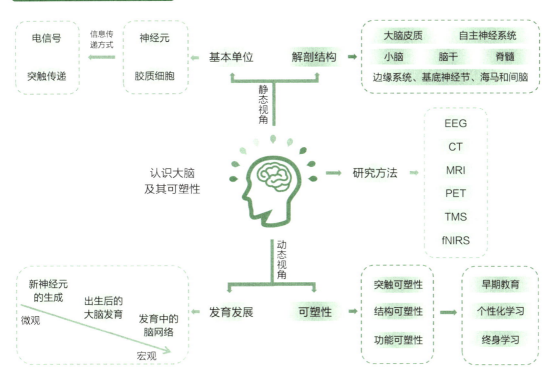

- 神经系统的基本单位是什么？其基本结构是怎样的？
- 神经元之间如何传递信号？
- 大脑包含哪些基本解剖结构？简述它们的功能。
- 大脑中参与学习与记忆的关键脑区有哪些？
- 有哪些常见的脑功能网络？它们在认知活动中分别发挥了什么作用？
- 奖赏环路如何应用于教育？
- 什么是关键期（敏感期）？这一时期的脑发育发展有什么特点？
- 什么是大脑可塑性？理解大脑可塑性对教育有什么意义？
- 有哪些常见的脑科学研究方法？

1.1 大脑的进化

人类总是在好奇心的驱使下孜孜不倦地探索未知。今天，人类正在探索"宇宙中最复杂的物质"，它高深莫测，长久以来由于技术限制人类迟迟无法窥探其全貌，它就是人类的大脑。

1.1.1 神经系统的起源与进化

地球上生命的各方面，包括人类的大脑，都经历了相似的持续变化和自然选择过程。在地球生命的早期阶段，单细胞生物是生命的主宰，它们虽无大脑，却已具备感知和适应外界环境变化的能力，它们通过释放和接受化学信号，或传递电信号与环境互动，被认为是动物的祖先。随着多细胞动物的出现，细胞间开始互相感知和应答，协同工作，为大脑的诞生奠定了基础。正如语言的产生与传承一样，生物体是后代细胞对基因和遗传密码不断复制和发展的产物。这种发展变化既体现在生物体的外表，也体现在生物体的大脑。一些细胞逐渐演变成具有特殊传递信息功能的神经细胞，进一步演化出轴突，用于远距离传递电信号，它们通过在细胞突触的位置释放化学物质向其他细胞快速传递信息，神经系统由此诞生。最早的神经元可能在无脊椎动物体内形成一个弥散的神经网络，现在的水母和海葵依然如此。同时，类似于大脑的神经核团出现在蠕虫类动物中，它们是现在绝大多数动物包括脊椎动物、软体动物和昆虫的祖先，神经核团是原始的中央神经系统，能够处理各种信息，而不仅仅是传递信息，这使得动物能够对更加复杂的外界环境做出反应。原始的神经样细胞在漫长的时间内逐渐形成了更复杂的细胞结构和具有神经网络的生物体，进而形成神经节，最后演化为具有数十亿个神经元的复杂集合体，即大脑。进化是不同世代之间的变化过程，随着细微的变化逐渐积累，后代与原始物种的区别逐渐增大。物质结构越复杂，进化所需的时间就越长。大脑具有高度复杂的结构，它经历了漫长的进化过程（见图1-1）。在地球的演化史上，从单细胞到多细胞再到高等脊椎动物，神经系统的进化经历了数十次甚至上百次的"飞跃"。

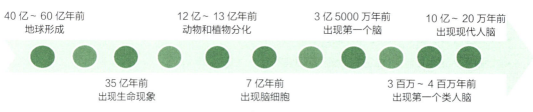

| 40亿~60亿年前 | 12亿~13亿年前 | 3亿5000万年前 | 10亿~20万年前 |

图1-1 大脑的起源和进化

以鱼类的神经系统为例，所有的鱼脑都可以大致分为端脑、中脑和后脑三个管型组织，并且管型组织上还有四对隆起，这些隆起被称为"丘（colliculi）"。第一对隆起位于端脑，连接着嗅神经；第二对和第三对位于中脑，分别负责视神经、动眼神经和听神经；

第四对位于后脑，负责处理位置信息。对于早期生物而言，处理气味信息和视觉信息的能力对生存非常重要，因此第一对和第二对隆起演化得更大，变成"叶（lobe）"。随着运动功能越来越重要，第四对隆起也逐渐演变成"叶"。人类的脑叶扩张更甚，原本处理嗅觉的第一对隆起极大地扩张，成为脑的两个"半球（hemisphere）"。在扩张的过程中，它们首先向前或向后生长，直到被颅骨限制。然后，它们再次向前延伸，通过两侧，使脑的两个半球形成现在的样子，并将内部空腔"拉伸"成螺旋状。

在人脑中，负责处理嗅觉的第一对隆起在脑半球的内部和前表面下方，这一区域与控制情绪的边缘系统有着重要联系。两个半球的其余部分负责处理视觉、听觉、运动和感觉。第二对和第三对隆起似乎是多余的，成了上丘脑和下丘脑，负责处理视觉反射和听觉反射。同时，第四对隆起进一步发展，成了小脑，对复杂的协调性运动、平衡和空间信息整合有着重要的作用。

达尔文的自然选择论

"在经历了漫长的年代和各式各样的生存条件后，有机体会在一些身体部位上表现出各种差异，而且我认为这是无须争辩的；又由于每个物种的成几何级数增长的能力，使得在某个时期、某个季节或某年，它们会面临严重的生存困难，这也是无须争辩的；然而，考虑到所有物种相互之间关系的无限复杂性和它们的生存条件，引起了有利于它们的在结构、体质、习性上的无限分化，我想如果没有发生对它们每个物种有利的变异那将是最不可思议的事实；同样地，很多有用的变异也会发生在人类身上。但是如果有用的变异确实在每个物种上发生了，那么那些具备了某些特性的个体在生存的斗争中就一定会拥有最好的保存和维持下去的机会；按照强大的遗传原理，它们将繁衍出同样具有某种类似特征的后代。这种保存的原理，为了简洁起见，我把它称为自然选择。"[1]

总的来说，从单细胞演化到多细胞，再演化到高等脊椎动物，这个过程基本遵循从简单到复杂的原则，即在演化过程中，神经系统不断完善，大脑出现了沟回，皮质面积逐渐扩大。大脑的进化为心理现象的产生和发展奠定了物质基础。

1.1.2 人类大脑独特性的进化与结构基础

认知神经科学的一个主要假设认为，人类比其他物种有更强的计算能力，其原因在于人类有更大的脑容量和更多的神经元。人类之所以拥有比其他物种更出色的思维能力，是因为人类的脑容量较大，脑内神经元数量多。这一观点与众多关于人类和动物的研究观察结果相契合。甚至达尔文也曾提出，灵长类动物与人类之间存在着线性的进化关系，认为人类的大脑本质上就是一个相对较大的灵长类动物大脑，其神经系统相较于最近的祖先呈现出逐渐复杂化的趋势。因此，大脑的较大体积在一定程度上可以解释人类的独特性。

事实上，经过大量后续研究证明，脑的表面积或者脑的质量占身体的比重，似乎对生物的认知功能等方面有更重要的影响。脑指数（encephalization quotient，EQ）是一个可以用来说明脑进化水平的指标，它等于脑的实际大小与脑的预期大小之比。图 1-2 说明了不同物种之间脑指数的差异。相比于身体大小而言，人类的脑不仅较大，而且布满褶皱，这意味着我们有一个相对较大的脑，而且脑有非常大的表面积。更加复杂的皮质内部结构和更多的功能赋予了人类更多的能力，这也是使人类成为"社会赢家"的原因之一。

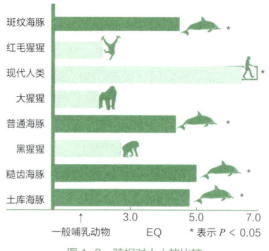

图 1-2　脑相对大小的比较

大量证据还表明，人类大脑的独特能力更依赖于特殊神经回路而非细胞数量。人脑细胞数量多于其他动物这一特征，并不能充分解释人脑为何具备更强的认知能力。从进化的角度看，人类大脑适应了其所处的生态环境，并且我们可以预测人脑与其他动物大脑在组织上的差异。经过数百万年的自然选择，我们积累了许多支持特殊认知能力的神经回路。总之，人类已被证明拥有适应生态条件的特异脑回路。

1.2　神经元与神经系统

长久以来，科学家们采用一种还原主义的方法，试图通过确定局部的性质来理解整体。在本节中，我们将沿用这样的逻辑，首先回顾构成神经系统的基本单位及其信号传递机制，然后介绍大脑的基本结构，最后探讨由多种脑结构组成的脑网络。

1.2.1　神经系统的细胞

1. 神经元

神经元（neuron）是哺乳动物大脑中基本的信号处理单位（见图 1-3）。我们可以根据神经元的外形、功能、位置和神经系统内的相互连接方式来区分不同的神经元。

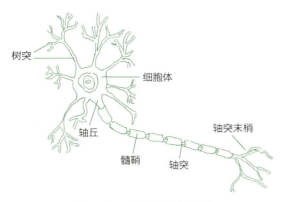

图 1-3 哺乳动物的神经元

神经元的组成部分之一是细胞体。与其他细胞一样，细胞体内有维持神经元新陈代谢的细胞器。细胞核、内质网、核糖体、线粒体、高尔基体等细胞器被神经元的双层脂质细胞膜包围，并悬浮在细胞质内。

除细胞体外，神经元的另两个组成部分是延伸至胞体外的特异性突起——树突（dendrite）和轴突（axon）。树突是树样的突起，接收来自其他神经元的传入信息，接收具体信息的是被称为突触（synapse）的结构。轴突代表神经元的输出端：电信号传送至轴突末梢，即突触所在的位置。轴突末梢具有特异化的细胞内结构，它们使得信息交流通过神经递质的释放而实现，神经递质是神经元间通过化学突触传递信号的化学物质。

神经元具有多种形式。图 1-4 显示了哺乳动物中常见的三种神经元，即单极神经元、双极神经元和多极神经元。一般来说，单极神经元只有一个远离胞体的突起，该突起可以分支形成树突和轴突末梢。双极神经元主要参与感觉信息加工，如视觉、听觉和嗅觉系统中的神经元，此类神经元具有一根树突和一根轴突。多极神经元存在于神经系统的几个区域中，主要参与运动和感觉信息加工，如脊髓运动神经元、皮质感觉神经元、自主神经系统的某些神经元等。

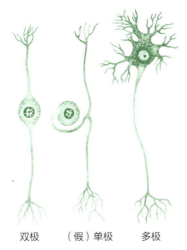

双极　（假）单极　多极

图 1-4 哺乳动物中常见的三种神经元

2. 胶质细胞

神经系统内另一类细胞是胶质细胞（glial cell）。它们本身可能并不传递信息，但如果没有它们，神经系统的功能将会严重受损。胶质细胞位于中枢神经系统（central nervous system，CNS）和外周神经系统（peripheral nervous system，PNS）中，但位于这两个系统中的胶质细胞，其类型是不同的（见图1-5）。胶质细胞主要有三种类型：星形胶质细胞、少突胶质细胞和小胶质细胞。

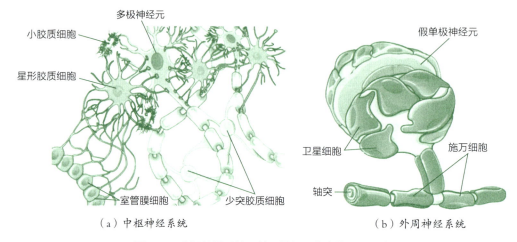

（a）中枢神经系统　　　　　　　　（b）外周神经系统

图 1-5　中枢神经系统和外周神经系统中的胶质细胞

星形胶质细胞是一种呈圆形或放射对称形状的大细胞，它们围绕着神经元并与脑血管紧密相连，从而形成血脑屏障①。此外，星形胶质细胞还可以起到去除微环境中过多的钾离子、回收神经递质、调控血流方向、同步轴突的信号传导以及调节脑部能量代谢和稳态等作用。少突胶质细胞是包裹在中枢神经系统神经元轴突上的髓鞘（myelin）细胞，在神经元表面形成绝缘体，从而改变轴突内电流传递的方式，使电信号能更有效地传播。小胶质细胞是一种形状小而不规则的神经胶质细胞。它作为一种特化的巨噬细胞，在神经系统中执行免疫任务，清除有害物质，修复损伤，保护中枢神经系统的各类神经元。

多发性硬化与髓鞘病变

J.C. 在 32 岁时开始出现走路跟跄的症状。由于对自己笨拙的表现感到十分尴尬，她笑着告诉她的朋友那条车道该修整了。然而两周后，她在走过客厅的时候跌倒了。在这些表现出现的 6 个月里，她又出现了一些轻微的视觉问题，但这些问题在接下来的 6 个月里消失了。第二年，J.C. 又出现了手麻木和左腿无力的症状，为此她不得不去看医生。经过一系列的检查，J.C. 被确诊为患了一种名为多发性硬化（multiple sclerosis，MS）的神经肌肉疾病。那么这是一种怎样的疾病？为什么会出现上述症状呢？

---

① 血脑屏障（blood-brain barrier，BBB）：能阻挡某些经血液传播的病原体或过度影响神经活性的化学物质的进入，从而在保护中枢神经系统中发挥至关重要的作用。

多发性硬化是神经疾病的一种，具体来说，其病因是中枢神经系统或外周神经系统（或两者）内轴突周围的髓鞘受到特异性损伤。髓鞘损伤程度决定了患者的病情是轻微还是严重，临床症状则取决于哪里的神经元轴突发生髓鞘病变。如果病变出现在视觉通路上，则会出现视觉问题；如果病变出现在外周神经上，则可能出现感觉、肌肉控制上的问题。

思考：为什么髓鞘病变会引起这些问题？结合少突胶质细胞的作用，分析髓鞘在轴突传导中的作用。

1.2.2 神经信号

1. 静息电位

神经元细胞膜是分隔细胞内外的磷脂双分子层结构，它分隔了细胞内外的环境。此外，细胞膜上还有很多跨膜的蛋白质，如离子通道等。离子通道（ion channel）由跨膜蛋白质构成，允许Na^+、K^+、Cl^-等离子通过，离子通道存在于神经元细胞膜之中。离子通道允许离子穿过细胞膜的程度被称为渗透性（permeability）。离子通道允许离子进出细胞膜，并且对某些离子（如K^+）的渗透性要高于其他离子（如Na^+和Cl^-），这被称为选择渗透性。在静息状态时，如图 1-6 所示，神经元细胞膜内外存在离子浓度梯度，细胞膜外是较高浓度的Na^+，而细胞内是较高浓度的K^+。细胞膜的选择渗透性与跨膜的离子浓度梯度导致细胞膜内外产生电位差。膜两侧微弱的电位差就是静息电位的基础。

2. 动作电位

当从邻近的细胞接收到信号时，细胞膜对Na^+的渗透性会提高，导致Na^+内流，从而使细胞内部所带的正电荷更多。由于细胞膜的性质，细胞内部的正电荷越多，细胞膜就越容易让Na^+内流。当达到阈值时，专门的Na^+通道就会打开，细胞膜的这一区域就会呈强阳性并使邻近区域去极化（depolarization），直到邻近区域也打开通道并去极化。Na^+内流达到最大值时，细胞膜内电位达到峰值。随后，Na^+通道关闭，K^+通道打开，K^+外流，细胞膜内电位迅速恢复到静息电位水平，这一过程称为复极化（repolarization）。在复极化过程中，K^+外流可能超过静息水平，导致细胞膜内电位暂时低于静息电位，这一现象称为超极化（hyperpolarization）。最终，细胞内外离子的分布恢复正常，细胞膜电位回到静息电位水平，如图 1-6 所示。

动作电位一旦在细胞膜的某一点产生，它就会沿着细胞膜迅速传播。这种传播是通过局部电流实现的，即动作电位区域的电位变化引发相邻区域的去极化。当相邻区域的去极化达到阈值时，也会产生动作电位，从而形成再生性传播。这种传播方式使得动作电位能够快速、准确地沿着神经纤维传播，速度可达数米每秒。

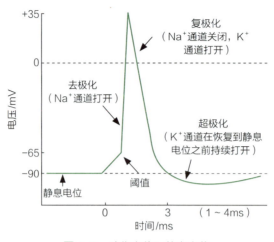

图 1-6　动作电位和静息电位

1.2.3　突触传递

神经信号最终的作用是实现神经元之间或神经元与肌肉之间的信息交流。要实现这一作用，神经元之间必须传递信号，被称为突触传递。突触传递有化学传递和电传递两种类型，这里主要介绍化学传递。

在多数情况下，动作电位达到突触所在的轴突末梢时，该动作电位会引起末梢去极化，导致 Ca^{2+} 内流。Ca^{2+} 可以发挥细胞内信使的作用，细胞内 Ca^{2+} 浓度的增高会导致含有神经递质的小囊泡与突触膜结合，并将神经递质释放到突触间隙，突触间隙是突触前膜和突触后膜之间的空隙。神经递质在突触间隙内扩散到突触后膜，与嵌在突触后膜的蛋白质受体结合（见图 1-7）。神经递质与突触后膜受体的化学交互将导致突触后的细胞兴奋（去极化）或抑制（超极化）。如果突触后细胞是神经元，那么兴奋性突触后电位（excitatory postsynaptic potential，EPSP）可能引起动作电位的产生。如果神经递质对突触后神经元发挥抑制性作用，通常会引起突触后膜超极化，引起抑制性突触后电位（inhibitory postsynaptic potential，IPSP），从而降低神经元的兴奋性。

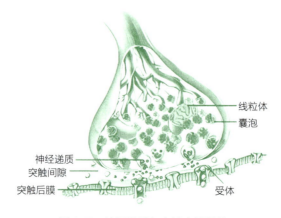

图 1-7　神经递质在突触中的释放

神经递质的种类繁多，分类方法也有多种，其中一种是根据生化性质进行分类的。例如，乙酰胆碱等神经递质属于胆碱类递质。有些递质是氨基酸类，如天门冬氨酸，γ-氨基丁酸（GABA）、谷氨酸和甘氨酸等；有些是生物活性胺类，包括多巴胺、去甲肾上腺素和肾上腺素（儿茶酚胺类）、5-羟色胺和组胺等；还有一个种类是包含100种以上物质的神经肽类物质。

一般而言，每个神经元都能合成一种或多种神经递质，并根据刺激条件单独释放或共同释放。对于神经递质，可以根据它们对突触后神经元的典型作用进行分类。兴奋性神经递质包括乙酰胆碱、儿茶酚胺、谷氨酸、组胺、5-羟色胺和某些神经肽类等。抑制性神经递质包括GABA、甘氨酸和某些神经肽类等。还有一些神经递质只能与其他因素发挥协同作用，被称为条件性神经递质。这些机制的存在使得神经系统能通过调节神经递质的释放实现信息加工的复杂调节。

如何对大脑进行定位

由于大脑是一个结构复杂的三维客体，我们很难用二维图像的方式对其进行描述，因此指定一个合理的定位系统来描述各部分之间的空间关系是很有必要的。通常情况下，我们采用的术语与解剖学中描述整个身体类似位置关系的术语是一致的，如图1-8所示，因此大脑相对于身体的朝向决定其参考框架，该框架用于描述大脑中各位置的解剖关系。

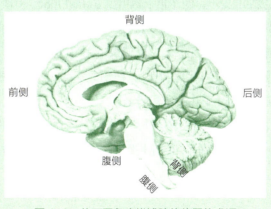

图1-8　从不同角度描述脑的位置的术语

1.2.4　神经系统及其结构

神经系统中的信息传递是沿着某些特定的通路进行的，信息需要经过一些脑结构才能到达目标脑区、脊髓和周围的肌肉组织。了解这些脑结构可以让我们更加清楚地了解信息是如何在神经系统中传递的。为此，以下将首先从整体层面进行概述，再介绍一些重要的功能分区。

神经系统可以分为中枢神经系统和外周神经系统，如图1-9所示。其中，外周神经

系统是指神经系统中除中枢神经系统之外的其他所有成分。中枢神经系统在神经系统中起到命令和控制的作用，而外周神经系统承担着传递信息的作用——将感觉信息传递到中枢神经系统，并将中枢神经系统发出的运动指令传递到肌肉，从而对肌肉的自主运动以及平滑肌、心脏和腺体的非自主运动进行控制。在本节的后续部分中，我们将专门介绍中枢神经系统。

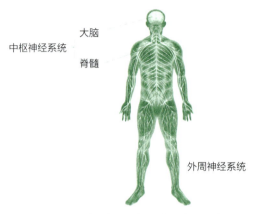

图 1-9　中枢神经系统和外周神经系统

1. 大脑皮质

大脑皮质（cerebral cortex）有两个对称的半球，每个半球都是由分层的神经元组成的。大脑的两个半球主要可以分为四个叶：额叶（frontal lobe）、顶叶（parietal lobe）、颞叶（temporal lobe）和枕叶（occipital lobe）。这些区域的功能存在差异，每个叶在解剖结构上都有着和其他叶不同的明显标志。比如额叶和顶叶被中央沟隔开，外侧裂将额叶与颞叶隔开，大脑背侧的顶枕沟和腹外侧的枕前切迹将枕叶与顶叶、颞叶隔开（见图1-10）。左右半球由大脑纵裂隔开并由胼胝体连接。

大脑皮质的各叶在信息加工过程中发挥着多方面的作用，虽然主要的功能系统一般都定位在某个脑叶中，但是也有很多系统是跨脑叶的。因此，我们将对大脑皮质做初步介绍。

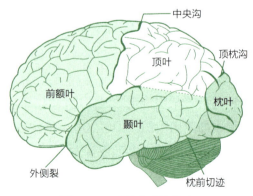

图 1-10　大脑半球的分叶

1）额叶中的运动区

额叶在运动的准备和执行方面起着十分重要的作用，它主要包括运动皮质和前额叶皮质。运动皮质中含有运动神经元，其轴突随着脑干和脊髓下行，并与脊髓中的运动神经元形成突触。前额叶皮质则在计划和执行等认知加工过程中起着重要作用。

2）顶叶中的躯体感觉区

躯体感觉区位于中央沟后部，这一区域的皮质接收来自丘脑躯体感觉中继核的输入，包括触觉、痛觉、温度觉和本体感觉等。

3）枕叶中的视觉加工区

初级视觉皮质位于大脑两个半球的枕叶内侧面，只向大脑的后部半球极延伸出一小部分，这一区域的皮质包含6层细胞，负责对颜色、明度、空间频率、朝向以及运动等信息进行皮质编码。

4）颞叶中的听觉加工区

听觉皮质位于颞叶上部，藏于外侧裂中。听觉皮质能够对听觉输入进行加工，从而产生对声音的感觉。

5）联合皮质

新皮质中不能被单纯划分为感觉或运动的部分被定义为联合皮质（association cortex）。这些皮质接收来自许多皮质输入的信息，其作用主要是整合来自感觉皮质与运动皮质的信息。联合皮质位于感觉和运动的交互区域，可能负责更高级的心理加工过程。

2. 边缘系统

扣带回（cingulate gyrus）、下丘脑（hypothalamus）、海马（hippocampus）以及杏仁核（amygdala）等结构构成了边缘系统（limbic system）（见图1-11）。扣带回在情绪调节和冲突解决中起到关键作用，还与注意力和决策有关。它在协调无意识的本能反应与目标导向的有意识行为之间起着桥梁作用。下丘脑不仅调节体内平衡（如体温、食欲、睡眠等），还通过内分泌系统影响情绪和压力反应。它与边缘系统的其他部分协同帮助身体对情绪和外界刺激做出反应。海马是学习与记忆的关键区域，尤其与情景记忆和空间记忆相关。它在将短期记忆转化为长期记忆过程中发挥重要作用。海马受损则可能导致记忆障碍，如无法形成新的记忆。杏仁核是情绪处理的核心区域，尤其在感知和调节恐惧与愤怒等负面情绪方面至关重要。杏仁核还深度参与情绪信息向记忆的编码过程，为那些具有高度情感价值或生存意义的事件赋予深刻的记忆痕迹。

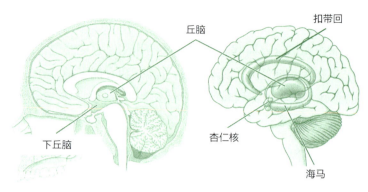

图 1-11　边缘系统结构

3. 基底神经节

基底神经节（basal ganglia）是大脑深部的一组神经核（见图 1-12），负责调控运动、习惯学习、奖励机制，参与某些认知与情绪功能的调节。它通过与大脑皮质、丘脑和脑干的广泛连接，协同调节自愿运动的启动、抑制和精细控制，使得个体的动作更加平滑和协调。此外，基底神经节还在程序性学习（如技能习得）和奖励相关行为中起重要作用。其三个重要的组成部分分别是苍白球（pallidum）、尾状核（caudate nucleus）和壳核（putamen），尾状核和壳核又被统称为新纹状体（neostriatum）。基底神经节的功能实现依赖于其与皮质、丘脑以及丘脑底核、黑质构成的环路。这些结构共同调控运动（包括躯体运动和眼球运动）以及部分认知功能。

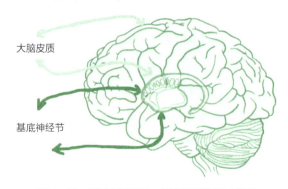

图 1-12　基底神经节与大脑皮质的相对位置

4. 海马和内侧颞叶

颞叶的腹内侧面上依次分布着海马以及与之相连的齿状回（dentate gyrus，DG）、海马旁回以及内嗅皮质。根据细胞的形态、连接以及发育上的差异，海马还可以被分为不同的亚区：齿状回、CA1、CA2、CA3、CA4 和下托（subiculum）以及钩回（uncus）等（见图 1-13）[2]。海马这个结构在后续章节将被频繁提到，因为海马在与学习和记忆相关的功能中发挥着极其重要的作用，比如海马参与记忆的编码、存储和提取等过程。

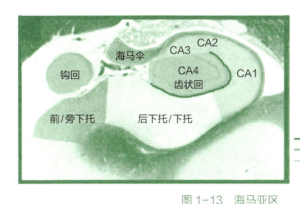

━━ 前庭海马沟（VHS）
━━ 钩回
━━ 海马伞/海马背壁

图 1-13 的彩图

图 1-13 海马亚区

5. 间脑

间脑（diencephalon）由丘脑（thalamus）和下丘脑组成，这些皮质下核团由一些特化的细胞群组成，它们分别与大脑中的很多区域相互联系（见图 1-14）。丘脑位于脑干的最前端，通常被喻为"皮质的关口"，因为除了某些嗅觉输入外，来自所有感觉通道的信息在到达初级的皮质感觉接受区域前都要经过丘脑。丘脑不仅是初级感觉信息的中继站，它还与基底神经节、小脑、新皮质以及内侧颞叶一起建立了双向信息传导通路，这些通路具有很多重要的功能。下丘脑位于丘脑下方，是调控自主神经系统和内分泌系统的关键枢纽，负责维持内稳态（homeostasis）所必需的核心生理功能（如体温调节、摄食饮水、睡眠-觉醒周期等）。此外，下丘脑还参与特定的情绪过程，并调控其下方的垂体活动。

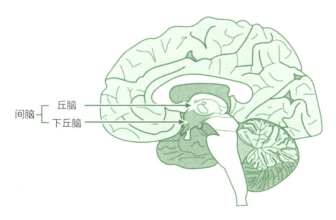

图 1-14 间脑在大脑中的相对位置

6. 脑干

脑干（brainstem）通常分为三个部分（见图 1-15）：中脑、脑桥、延髓。脑干神经元处理大量的感觉与运动信息，尤其涉及视觉、听觉及前庭功能的信息加工，并负责头面部、呼吸系统和心血管系统的感觉与运动控制。脑干是感觉纤维从脊髓和周围神经上行至丘脑和皮质的必经通路。此外，众多神经递质系统的起源核团位于脑干，并广泛投射

至大脑皮质边缘系统和间脑等区域。

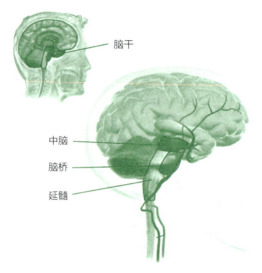

图 1-15　脑干

7. 小脑

小脑（cerebellum）是覆盖于脑干结构上部，处于脑桥水平位置的神经结构（见图1-16）。小脑由小脑皮质、四对深层核团以及内部的白质等几个重要的部分构成。小脑主要接收来自大脑运动皮质、脊髓等区域的信息，这些信息包括运动指令的意图和身体当前状态的感觉反馈。小脑的核心功能在于实时比较这些传入信息，无意识地检测运动中的误差并进行精细调整。它对于维持身体平衡、确保运动协调性、精确度和适时性至关重要，是学习与执行熟练动作的关键脑区。

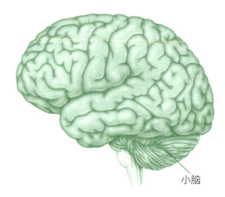

图 1-16　小脑的相对位置

8. 脊髓

脊髓（spinal cord）从延髓一直延伸到其位于脊椎底部的马尾（cauda equina）（见图1-17）。脊髓的每个部分都包含反射通路，例如膝跳反射通路。脊髓的大体解剖结构较为简单，包括传送感觉和运动信息的白质神经束、中心部分由神经元细胞体组成的灰质。

脊髓主要负责将最终的运动指令下达给肌肉，同时从身体的外周感受器中接收感觉信息并将其传导至脑部。

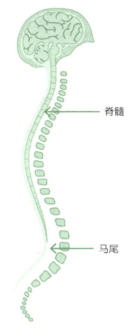

图 1-17　脊髓的相对位置

9. 自主神经系统

自主神经系统（autonomic nervous system，ANS）是外周神经系统的一部分，负责无意识地调节平滑肌、心肌和腺体活动。它分为两个主要分支：交感神经系统（sympathetic nervous system）和副交感神经系统（parasympathetic nervous system）。这两个分支通常共同支配同一效应器官，但作用相互拮抗。交感神经系统释放的神经递质主要是去甲肾上腺素，其激活可引发机体的"战斗或逃跑"反应，具体表现为心率加快、内脏血管收缩（促使血液重新分配至骨骼肌）、刺激肾上腺髓质释放肾上腺素等。副交感神经系统释放的主要神经递质是乙酰胆碱，其激活可促使机体进入"休息与消化"状态，具体表现为心率减慢、消化活动增强，并维持身体的稳态功能等。总体而言，交感系统动员机体应对挑战或压力，而副交感系统则维持日常功能和能量储备，两者通常以动态平衡的方式协同工作。

1.2.5　大脑的偏侧化

人类神经系统的一个显著特征是，连接大脑皮质与下位中枢（脑干、脊髓）的主要运动与感觉神经纤维束会在延髓或脊髓水平交叉到对侧，因此，左侧大脑半球皮质主要支配右侧躯体运动和感觉功能，右侧皮质则主要支配左侧躯体运动，这称为大脑功能偏侧化（lateralization）。

连接左右两个大脑半球的结构叫做胼胝体（corpus callosum），是高等哺乳动物大脑中的最大白质带。大脑两个半球之间的通信多数是通过胼胝体这个结构进行的。历史上，鉴于研究表明胼胝体是癫痫样放电在半球间扩散的关键路径，胼胝体切开术曾被常规用于减轻严重癫痫症状。

人类对大脑偏侧化的理解源于割裂脑研究（split brain research），其中最著名的当属接受了割裂脑手术的患者威廉·詹金斯（William Jenkins, W.J.）[3]。为了治疗 W.J. 的癫痫，医生对他进行了"裂脑术"，术后 W.J. 在特定任务中表现出显著的行为分离现象。例如，在图 1-18 中展示的任务中，W.J. 可以看到右侧视野中的单词并且正确地用语言表达出来，但同样的单词在左侧视野中呈现时，他却只能把相应的意思画出来。这类现象揭示了左右大脑半球在功能上的特异化分工：左半球通常在语言加工方面占主导优势。此外，它在行为意图的归因解释、时间知觉以及跨感觉通道信息的整合等方面起核心作用，这些功能对复杂推理和决策至关重要。右半球则在面孔识别、空间注意的监控与分配等任务中显示出优势。虽然两个半球在执行复杂认知任务时协同工作、共同参与，但它们各自以独特且高效的方式处理特定类型的信息。胼胝体切断手术通过中断半球间的信息传递，揭示了大脑各功能模块的独立性，以及由功能偏侧化引发的功能分离现象。这表明，尽管存在一定程度的功能冗余，但左右半球的专长化功能对整个大脑系统的最优运作都是不可或缺的。

图 1-18　割裂脑研究的经典范式

1.2.6　大脑功能网络

人类大脑由近千亿个神经元构成。这些神经元在多空间层级上组织，在多时间尺度上动态交互，共同支撑人类的认识思维与行为。深入理解大脑功能，关键在于解析神经元如何在时间与空间维度上实现全脑范围的协同通信。大脑信息处理的精髓在于局部精细加工与全局高效整合之间的动态平衡。这种平衡支撑了复杂的信息处理模式，这些模式是高阶认知功能的神经基础，并赋予大脑灵活性、稳健性和功能多样性。

在此背景下，网络科学范式为研究脑区间相互作用提供了强大的理论框架，并利用计算手段揭示了功能脑网络的复杂拓扑结构。现有研究证实，包括默认网络、额顶叶网络和显著网络在内的核心脑网络，协同支持广泛的高级认知活动，如记忆、注意、情绪调节、创造力等，这些网络自身的动态特性、网络间的交互模式及其功能平衡状态，与个体的学习过程和思维模式紧密关联。接下来，我们将重点介绍与学习密切相关的若干核心脑网络及其主要功能。

1. 默认网络

默认网络（default mode network，DMN）由离散的、对称的双侧皮质区域组成，位于大脑的内侧和外侧顶叶、内侧前额叶、内侧和外侧颞叶皮质[4]。默认网络可以大致分为三大部分：前部默认网络（anterior DMN）、后部默认网络（posterior DMN）和内侧颞叶（medial temporal lobe）（见图 1-19）[4]。默认网络的活动呈现鲜明的特征性模式：在执行需要高度集中注意的外部指向型任务时，其活动通常显著减弱；相反，在涉及多种复杂内省性认知过程时，例如情景记忆提取、情景性未来思考、自我参照思维、心理理论以及抽象思维与道德推理，其活动则显著增强。这种网络活动模式使得默认网络在个体清醒却未专注于特定外部任务（即静息状态）时尤为活跃，其活动构成了神经活动的基线或"默认"状态，该网络也因此得名。静息态功能连接研究进一步揭示了默认网络通常与负责执行外部导向任务的网络之间存在稳定的负相关关系。

总体而言，默认网络支撑着广泛的高级认知功能，涵盖自我反思、内省与心智游移、个人经历回顾与前瞻、社会理解以及对抽象信息的处理和推断。

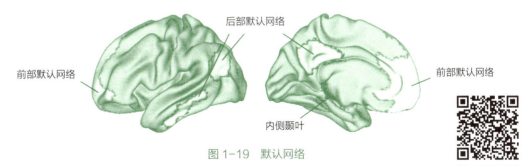

图 1-19　默认网络

图 1-19 的彩图

2. 额顶叶网络

额顶叶网络（frontopartial network，FPN）是大脑中一个关键的神经网络，主要与高级认知功能、注意力控制、任务执行和决策过程等密切相关。该网络主要由前额叶皮质[特别是背外侧前额叶皮质（dorsolateral prefontal cortex，dlPFC）]和顶叶皮质[尤其是顶

内沟（intraparietal sulcus，IPS）]的多个脑区协同构成。背外侧前额叶皮质主导执行控制功能，包括计划制订、决策权衡、工作记忆以及复杂问题解决等；而顶内沟则主要负责空间注意导向、目标驱动行为以及感知信息与动作意图的整合[5]。

额顶叶网络在个体需要高度集中注意，进行复杂规划或运用高阶思维的任务时，表现出显著的活动增强。其功能状态常与默认网络形成鲜明对比：后者在静息状态下活跃，而额顶叶网络则在主动应对外部认知和需求时被强烈激活。通过与其他大脑网络（如注意网络）协同工作，额顶叶网络驱动思维模式从内省性的默认状态向外部执行状态高效转换。

3. 显著网络

显著网络（salience network，SAN）是大脑中一个重要的神经网络，主要负责识别、评估和响应外部和内部环境中显著或重要的信息。该网络帮助大脑筛选和聚焦于与当前任务或生理状态最相关的刺激，确保个体能够及时对可能的威胁、奖励或其他关键事件做出响应。

显著网络的核心区域包括前扣带回和脑岛等（见图1-20）[6]。这些区域共同工作，帮助大脑监控和评估感官输入、情绪状态、痛觉以及其他生理信号。具体来说，前扣带回皮质参与情绪调节、冲突监控、动机和决策等任务，是显著网络的重要组成部分。它有助于大脑识别和回应与当前任务相关的重要信息，并在情绪反应或决策过程中发挥作用。脑岛主要负责感知身体内部状态以及情绪反应。它在评估情绪和生理状态的显著性方面发挥着关键作用，尤其与威胁和奖励信号的感知相关。

显著网络作为大脑的"中枢警报器"，其活动在监测如潜在威胁或意外奖励信号等刺激时显著增强，驱动个体进入高速反应状态。该网络通过实时评估刺激的显著度（salience），动态协调全脑的资源分配：①迅速中断当前认知进程；②将注意资源重新定向到新出现的优先级事件。这种双重调控机制使显著网络成为执行认知灵活性任务和情绪调节的重要神经基础。

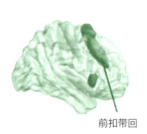

左脑岛　　　右脑岛　　　　　　　前扣带回　　　　　　　前扣带回

图1-20的彩图

图1-20　显著网络

脑与计算机究竟有什么区别？

大脑是由高度复杂的神经网络构成的，这些网络通过动态化学信号和可塑性连接实现功能整合，其输出不仅取决于输入刺激，更受到内部状态（如激素水平、情绪状态）的实时调节。这种生物系统的复杂性远超传统计算模型。如果将神经网络视为对特定输入产生固定输出的单元，是否意味着人脑只是一台生物计算机？这个问题的答案可能取决于我们对"计算机"的定义。一般来说，我们用"计算机"来描述一种机器，这种机器可以通过编写一列指令或一个程序，并借此"获得"一种新的能力，比如在屏幕上显示一张图片等。这与大脑神经网络不一样。对于计算机来说，它不需要训练，同样的输入进行 100 万次，计算机通常会输出 100 万次相同的结果。而大脑神经网络 100 万次同样的输入，可能永远都不会输出相同的结果。计算机并不擅长识别，必须使用统计技术进行模拟；而大脑神经网络在识别方面非常出色，但它们不能被程序编制，即使是简单的神经网络也只能通过训练来改变，更不用说人脑这样高度复杂的网络了。

思考：除此之外，脑与计算机还有什么区别？脑科学的发展对计算机科学都有哪些影响？

4. 奖赏环路

奖赏环路研究始于 1954 年詹姆斯·奥尔兹（Janes Olds）的大鼠实验。他们将电极插入大鼠边缘系统中的某个脑区，并在笼子内安装一个开关，只要大鼠按下就可以让电极放电。经过多次实验后发现，每次大鼠都会疯狂触动开关，直到筋疲力尽倒在地上[7]。这个实验可能表明，在边缘系统和下丘脑附近存在"奖励"和"惩罚"中枢。后来越来越多的学者发现，许多脑区都有对奖励产生反应的神经元，这些脑区组成了一个复杂的、庞大的神经回路。而这一复杂系统的核心是皮质和腹侧基底神经节之间的神经环路。核心环路中的皮质部分包括眶额叶皮质（orbitofrontal cortex，OFC）、腹内侧前额叶皮质和前扣带回皮质，腹侧基底神经节包括腹侧纹状体（ventral striatum，VS）、腹侧苍白球（ventral pallidum，VP）和中脑多巴胺神经元。其中，中脑多巴胺神经元位于黑质致密部（substantia nigra pars compacta，SNc）和腹侧被盖区（ventral tegmental area，VTA）。

如图 1-21 所示，奖赏环路是动物行为的原动力[8]。每当我们做一件事的时候，奖赏环路中的伏隔核（nucleus accumbens）就会对该行为进行价值评估，判断其属于"值得奖励""中性（不奖不罚）"，还是"需要惩罚"的范畴。随后，伏隔核将这一评估结果传递给中脑腹侧被盖区。中脑腹侧被盖区基于此评估决定是否释放多巴胺，以及释放多少量的多巴胺。多巴胺被释放后会前往各个脑区，有的被输送往杏仁核，给人带来愉悦的感受；有的被送往海马，使人留下深刻的印象；有的被送往前额叶，让人从主观意识层面判断接下来该做的事情；尤为重要的是，一部分多巴胺被送回伏隔核。当伏隔核接收这部分多巴胺时，它能够感知到中脑腹侧被盖区释放了相应量的多巴胺。因此，在接下来的一段时间内，伏隔核会下调对相同行为的评估敏感性。

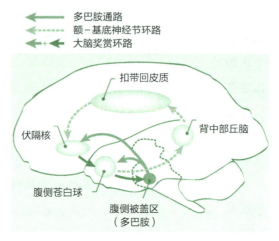

图 1-21　奖赏环路

奖赏还是成瘾?

电子游戏对年轻人来说无疑是一种很好的娱乐休闲方式。在玩游戏过程中得到的及时反馈和沉浸感等会让人产生一种快感，而长时间不玩就会十分想念这种感觉。那么，"成瘾"可能就潜移默化地形成了。

成瘾的核心机制在于，特定物质或行为通过"劫持"奖赏环路，短期内诱发伏隔核驱动的多巴胺爆发式释放，这种异常的信号传递至杏仁核会产生双重效应：一方面，持续高浓度多巴胺导致神经元受体敏感性下降，使日常活动带来的愉悦感显著减弱；另一方面，为获得同等快感，个体被迫追求更强刺激，促使成瘾行为强化。当停止成瘾行为时，伏隔核将该状态识别为负性奖赏预测误差，触发戒断反应，表现为烦躁焦虑、躯体不适。此时，只有重复成瘾行为才能暂时解除此类负面感受。

从奖赏到成瘾的转变，涉及多脑区的协同作用和神经通路的适应性改变。让人成瘾的事物有各自的特点，目前科学家所能解释的也只是冰山一角。

思考：成瘾与大脑可塑性有什么关系？为什么难以戒瘾？如何改善成瘾状况？

1.3　神经系统的发育

1.3.1　新神经元的发生

一直以来，人们通常认为哺乳动物出生后便不再产生新的神经元。近些年来的一系列研究向这一观念发起了挑战。

成年哺乳动物的神经发生已经在海马和嗅球这两个大的脑区得到确认。海马尤其值得一提，因为它在学习和记忆方面发挥着重要作用。在啮齿类动物中，已有研究发现成年个体的海马齿状回中的干细胞可以产生新的神经元，还可以迁移至已在发生作用的相似神经元所在的海马区域。重要的是，这些新神经元可以沿这一海马区域神经元所应有的路径形成树突和轴突，并显示出正常的突触活动。这些研究还发现，新神经元的数目与学习和经验的丰富程度呈正相关，而与压力呈负相关，并且与海马依赖性记忆能力直接关联。

在成年人类的大脑中，也发现了类似结果，即成人大脑中也有新神经元产生。而且我们的大脑一生都在进行自我更新，并达到我们以往认为不可能的程度。那么神经元发生是否局限在海马和嗅球呢？现有证据表明存在更广泛的位点，但仍需要系统研究，进行深入探究。

1.3.2　出生后的大脑发育

在人类生命最初的几个月和几年中，会发生大量的行为改变，其背后的神经生物学变化支持和解释了这些行为改变。在完全发育成熟之前，大脑面临的任务是扩大脑容量和增加神经连接数量，因此，神经元发育的一个重要方面是突触生成。大脑中的突触在孕期第 27 周左右开始形成，在人出生后持续发育，通常到出生后 15 个月时数量达到顶峰。大约在突触生成的同一时期，大脑中的神经元树突分支也在增加，轴突延长并产生髓鞘。与此同时，由于神经连接决定了大脑所能获得的经验类型，这就形成了一个双向循环：大脑的神经通路会改变经验处理方式，经验反过来也会重塑神经通路。此过程直接触发了突触削减现象，该现象将持续数十年，突触削减本质上是神经系统根据经验对神经连接进行精细化调控的过程，旨在清除冗余或不再需要的神经连接。

对人类突触动态变化的研究表明，不同皮质区域的突触生成和削减具有差异性时间进程。大量实证结果表明，人类大脑各区域在不同时期达到成熟状态，这很可能是解释认知功能各层面存在不同关键期（critical period）的神经机制之一。

人出生后大脑发育的另一个趋势是大脑的体积在 6 岁前显著增长。这一增长似乎是髓鞘形成和胶质细胞增殖的共同结果。例如，Giedd 等人于 1999 年计算了 4~20 岁人的大脑发育中白质和灰质体积的生长曲线，他们利用磁共振成像技术多次扫描了儿童和年轻成人的白质和灰质体积。结果发现，白质的体积随着年龄呈线性增长，并且不同的皮质区域的时间进程相同；灰质体积的增长是非线性的，灰质体积在青少年时期前增大，而之后减小[9]。这一结果也被之后的许多研究验证，即人出生后，不同大脑皮质的发育变化轨迹是存在差异的。

发展的脑——用进废退

美国神经生理学家帕斯科·拉基奇（Pasko Rakic）曾说道："美国人觉得孩子在年幼时不应该动脑子做一些有难度的事情而应该让他们玩乐，在大学里他们会学的。

可问题是，如果没有早期训练，学习会越来越困难。"

对大脑进行早期刺激，通过听音乐、猜谜语、玩数学游戏、学习语言、欣赏美术作品、写作等多种多样的活动，可以促进大脑中突触的连接。从出生起，神经连接数量显现爆发式增长，这种增殖状态持续至青春期。进入青春期后，神经新生连接会逐渐减缓，同时神经系统会启动两项重要机制：一是对重要连接进行功能性强化（使其永久固化），二是对低效连接进行选择性修剪（使其逐步消除）。

人的一生中，从婴儿到老年，被赋予了通过主动训练提升认知能力的神经基础。如果因为漫不经心、被动活动而缺乏使用，大脑发育便会迟缓。

思考：为什么在各年龄段的教育中，练习被赋予了较高的比重？其可能的神经机制是什么？

1.3.3 发育中的脑网络

在出生前的大脑中，已能分离出与成人相似的功能网络，包括默认网络和额顶叶网络。大量的证据也表明，大脑的整体结构、组织和连接很大程度上是在出生时建立的，之后的发育变化主要发生在神经系统的专门化和效率方面。也就是说，在青春期开始时，这些大脑网络的拓扑结构已经成熟了，但在效率方面的发育发展则会延续很长时间。近百项功能连接发展研究证实，从儿童期到青少年期，脑区激活模式经历从相对分散向焦点化、规模化的转变，同时网络组织的层级重构与模块化调整不断深化，这种激活模式的演变与行为控制能力的提升存在显著相关性。值得注意的是，青春期并非神经系统大规模重组时期，其核心变化体现为三个维度的优化：特定脑区在功能网络中的参与深度、多网络间的整合程度变化，以及在执行目标导向任务时网络协同的精细化。

上述发育规律符合大脑组织与发育的双系统理论动机和情感神经系统比其他用于控制行为的神经网络（如额顶叶网络等）成熟得快。基于此，研究者提出了发育不匹配理论，认为这种脑网络成熟的快慢差异会导致处于青春期早期的个体出现情绪波动、冲动、寻求新奇和冒险等行为，这可能也是青春期多种精神病理学症状高发的原因。

1.4 神经科学研究方法

直到 20 世纪，研究活人的大脑仍是一项不够理想而又冒险的工作。19 世纪晚期，脑部显微镜检查取得了明显的进步，但存在一个缺点，那就是只有在人死后才可能对大脑进行检查。尽管如此，依靠这些技术，人类在理解脑疾病并对其分类方面还是取得了巨大的进步。在此前的几个世纪里，对脑功能的研究范围仅限于各种武器造成不同类型的头部创伤的影响。

　　科学技术的发展给各研究领域的研究方法带来了革命。计算机体积的缩小和计算机电路运算速度的提高，使得新的脑成像技术得以发展。脑成像技术已经在人类的认知研究中产出了重要的新发现，也将是未来认知科学研究不可或缺的重要研究方法。非侵入性脑成像的价值体现在两大核心参数（见图1-22）：空间分辨率可达毫米级组织水平，实现对特定脑区结构的精准定位；时间分辨率可捕捉秒级血流动力学变化，通过脑区血氧信号间接表征神经元的"激活"状态。这些技术推动人类在知觉、决策、记忆等认知机制研究领域取得根本性进展。

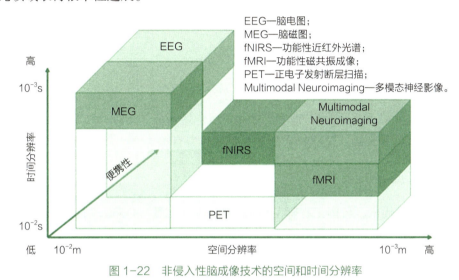

图 1-22　非侵入性脑成像技术的空间和时间分辨率

　　下面，我们将主要介绍几种广泛应用的技术：脑电图（electroencephalogram，EEG）、计算机断层扫描（computed tomography，CT）、正电子发射断层扫描（positron emission tomography，PET）、磁共振成像（magnetic resonance imaging，MRI）、经颅磁刺激（transcranial magnetic stimulation，TMS）和功能性近红外光谱（functional near-infrared spectroscopy，f NIRS）。

1.4.1　脑电图技术

　　脑电图技术是一种古老的探测脑的技术，在20世纪20年代由汉斯·伯格（Hans Berger）发明。脑电图技术通过放置在头皮上的电极，记录神经元内及周围电流所产生的电压电位。这些微弱的生物电信号经高阻抗放大器和滤波系统处理后，形成可解析的脑电波形（见图1-23）。

　　通常可以看到四种主要的脑活动类型，按波的频率分为δ波（0.2~3.5 Hz）、θ波（4~7.5 Hz）、α波（8~13 Hz）和β波（14~30 Hz）。α波是人在正常状态下的脑电波，随着精神集中会趋于消失，特别是当人在进行视觉活动时。β波峰值更小，在所有年龄段都很常见。δ波和θ波被称为慢波，睡眠中θ波会频繁出现，而如果一个成年人在清醒时出

现大量的θ波则表示存在异常；δ波通常只在深度睡眠中出现，是深睡期间的主导波。

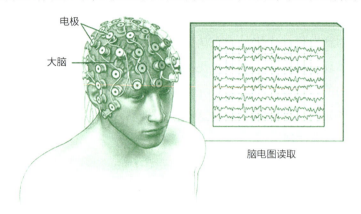

电极

大脑

脑电图读取

图1-23　EEG收集电信号

脑电图对于发现异常的脑活动非常有效，这些异常活动可能与癫痫、头部损伤、脑部肿瘤、脑部感染和炎症、化学物质紊乱及睡眠障碍有关。

1.4.2　计算机断层扫描技术

20世纪50年代末，英国工程师戈弗雷·豪恩斯菲尔德（Godfrey Hounsfield）和美国理论物理学家阿兰·科马克（Allan Cormack）发明了计算机断层扫描技术，并因此获得了诺贝尔生理学或医学奖。CT技术使用的是X射线，探测器被安装在一个旋转的框架上，这样就能对头部进行多角度测量，从而形成脑部结构的静态三维影像。

由于X射线有辐射，而大脑对辐射剂量十分敏感，因此CT技术的应用受到了限制。虽然CT技术可以检测到脑组织较为明显的异常，但扫描的分辨率还不够高，不足以检测到小的肿瘤。相比于其他脑扫描技术，CT技术的优势在于检测脑出血、小骨折和颅骨上的异常。

1.4.3　磁共振成像技术

磁共振研究始于20世纪70年代，并于1980年首次应用在患者身上。这项发明要归功于彼得·曼斯菲尔德（Peter Mansfield）和保罗·劳特布尔（Paul Lauterbur），他们也因此获得了诺贝尔生理学或医学奖。MRI扫描过程中，将身体置于非常强大的电磁场中（见图1-24），磁场会使身体中水的氢原子的原子核重新排列。随后，扫描仪会产生无线电脉冲，使质子共振，并产生磁共振信号，这样我们就能够推断出氢原子密度以及它们和周围组织的相互作用的变化。

MRI技术有较高的空间分辨率，不涉及X射线或其他有害辐射，也不需要注射药物，这是该技术最大的优势。但尽管如此，机器腔体内狭小的空间、巨大的噪声和较长的扫描时间还是让一些人无法接受。

图 1-24　MRI扫描

MRI技术的发展开拓了另一个令人振奋的领域——功能性磁共振成像（functional MRI，fMRI）。这项技术可以检测脑部活跃区域血流量，可以与各种各样的任务相结合，从而提供结构和功能的同步解析。例如，让人看一些引发生气情绪的图片，从而揭示大脑激活的具体部位。从这之后，科学家们第一次对脑功能有了真正的了解。

1.4.4　正电子发射断层扫描技术

人类首次功能性脑成像是通过正电子发射断层扫描技术完成的，第一台PET扫描仪于1973年诞生，迈克尔·费尔普斯（Michael Phelps）是主要贡献者。PET技术针对大脑所消耗的葡萄糖进行扫描。与CT技术不同，PET技术依赖于正电子衰变。大脑活跃的部分需要更多的血流，因而有更多的放射性示踪物汇集在大脑正在运作的区域。示踪素会发射射线，射线会被转化为可视化的图谱，然后被计算机重建，生成多维图像。

目前，PET被广泛应用于检测某些类型的脑肿瘤和癌症。例如，人们就是利用PET技术对帕金森病有了更深入的了解。

1.4.5　经颅磁刺激技术

经颅磁刺激仪是一种非侵入性的脑功能调控设备，是由安东尼·巴克（Anthony Barker）在1985年研制出来的。TMS技术基于电磁感应与电磁转换的原理，使刺激线圈中强大瞬变的电流产生的磁场穿透颅骨（见图1-25），动态的磁场在颅内导体中转换为与刺激线圈电流方向相反的感应电流，由这种内生的感应电流刺激神经元产生一系列生理生化反应。

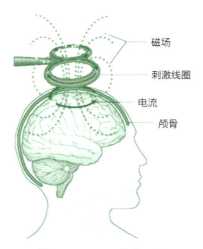

图 1-25　TMS 技术原理

TMS 技术是一种大脑皮质神经的无创性刺激技术，其本质是一种颅内的感应电刺激。TMS 技术不用电极，不用直接接触人体，相对电刺激是一项无创且简便的技术。

目前 TMS 技术得到了广泛的应用，国内的 TMS 技术达到了世界先进水平，在治疗抑郁症、睡眠障碍和脑瘫、孤独症等方面都得到了应用。其中对抑郁症、睡眠障碍等疾病的疗效，作为一种非药物治疗在临床已经取得了不错的效果。

1.4.6　功能性近红外光谱技术

功能性近红外光谱技术（见图 1-26）是一种光学的、非侵入性的神经成像技术，可以测量神经元激活后大脑组织中氧合血红蛋白和脱氧血红蛋白的浓度变化。其原理是采用波长在 650~950nm 区间的近红外光照射头部，凭借生物组织的透光特性，让近红外光顺利穿透，最终抵达脑组织。

图 1-26　fNIRS 技术

与 fMRI 一样，fNIRS 记录血流动力学响应，其通常在约 6 秒后达到峰值。同时，

fNIRS系统具有高达10Hz的时间采样率，这使得研究人员可更好地跟踪血液动力学响应函数的形状。但它的空间分辨率不高等缺点限制了其在某些场景的应用。未来研究可结合fNIRS和fMIR等技术，探索特殊人群的认知功能及其神经机制。

1.5　大脑的可塑性

大脑不仅是我们思考、记忆和学习的中心，也是情感、行为和决策的调控中心。近年来，神经科学的研究揭示了一个令人振奋的事实：大脑是高度可塑的。神经可塑性，是指大脑能够在面对新经验、学习新知识和恢复损伤时进行自我调整和重组。在教育领域，这一发现也为优化教学方法和提升学习效果提供了新的视角和工具。

1.5.1　大脑可塑性的基本概念

大脑可塑性，即神经可塑性（neuroplasticity）是指大脑在结构和功能上能够随着经验和环境的变化进行调整的能力。这种能力使得大脑能够适应环境的变化、学习新技能、形成记忆，并在损伤后进行自我修复。

神经系统的可塑性可以大致分为突触可塑性、结构可塑性和功能可塑性等类型。

1. 突触可塑性

突触可塑性涉及突触生成、突触修剪、神经元生长以及突触强度变化。这种可塑性是学习和记忆形成的基础。

（1）突触生成：即新的神经元连接的形成，这是学习新信息和技能的第一步。

（2）突触修剪：随着经验的积累，某些突触得到加强，而未使用的突触可能会减弱或消失，这一过程称为突触修剪，这有助于提高大脑处理信息的效率。

（3）神经元生长：新的神经元（神经发生）在特定脑区如海马中生成，这对于学习和记忆的形成至关重要。

（4）突触强度变化：是指神经元之间传递信号的效率随神经活动发生的动态调整，包括突触强度的增强与减弱。这种变化受神经活动的频率、时间顺序等因素调控，是大脑适应环境、学习记忆的核心机制；其异常则可能导致记忆衰退或产生疾病。

2. 结构可塑性

结构可塑性是指大脑结构本身发生变化。例如，学习新的技能或知识会导致某些脑区的体积增加。

3. 功能可塑性

功能可塑性是指大脑在执行特定任务时，其活动模式和处理能力的变化，还涉及大脑在面对损伤时的重组能力。这种可塑性体现了大脑的适应性和恢复力。

（1）区域重组：大脑的不同区域可以根据学习需求进行重组，以提高特定任务的处理效率。

（2）任务相关激活：当个体学习新技能或知识时，大脑中与这些任务相关的区域会变得更加活跃。

（3）代偿机制：当大脑的某个区域受损时，其他区域可以接管受损区域的功能，以维持个体的认知和行为能力。

（4）网络重组：大脑的神经网络可以在损伤后进行重组，以恢复功能。

1.5.2　大脑可塑性与教育

学习是大脑可塑性最直观的体现，它涉及大脑结构和功能的持续变化。以记忆为例，记忆的形成和巩固是大脑可塑性的关键方面。短期记忆依赖于神经元的活动，而长期记忆则涉及结构性变化，如突触的持久性强化。研究表明，通过重复练习，记忆可以被巩固在大脑中，形成稳定的神经网络。可以说，知识的习得，无论是身体技能还是认知技能，都依赖于大脑的可塑性。

1. 大脑可塑性与早期教育

早期教育阶段是利用大脑可塑性的黄金时期，这一阶段的大脑具有极高的适应性和变化能力。在生命最初的几年，大脑的神经网络正在快速形成和重塑，为个体的认知、情感和社会能力的发展奠定基础。以下是早期教育中大脑可塑性的几个关键应用。

（1）大脑发育的关键期。儿童早期，是大脑快速发育的阶段，这一时期被称为敏感期或关键期。在这个时期，大脑对外界刺激特别敏感，适当的环境和教育可以促进神经元的连接和网络的形成。

（2）认知与语言发展。早期教育通过语言游戏、阅读和互动，可以显著提高儿童的语言理解和表达能力。这些活动通过刺激大脑的语言区，如布洛卡区和韦尼克区，促进这些区域的神经网络发展。

（3）情感和社会技能。早期教育不仅关注认知发展，还培养情感和社会技能。通过与同伴和成人互动，儿童学习如何建立关系、解决冲突和理解他人的情感，这些技能的发展依赖于大脑的可塑性。

2. 大脑可塑性与个性化学习

个性化学习计划的核心在于"量身定制"。每个学习者的大脑都是独一无二的，他们具有不同的学习风格、兴趣和能力。这种认识与大脑可塑性的概念紧密相连，因为大脑的可塑性正是支持个性化学习和适应的基础。以下是将大脑可塑性融入个性化学习计划的三个关键点。

（1）认知灵活性。个性化学习计划鼓励学习者在不同的学习领域和任务之间转换，这有助于提高认知灵活性。认知灵活性是大脑可塑性的一个重要方面，它允许学习者适应新情境和解决问题。

（2）个性化学习材料和适应性学习技术。大脑的可塑性意味着大脑能够根据个体的经验进行调整。个性化学习计划通过提供与学习者经验相匹配的学习材料和活动，促进大脑的积极变化。还有一些教育技术的应用，如利用适应性学习软件，可以监测学习者的进展并实时调整教学内容，以匹配学习者的大脑可塑性需求。这种技术的应用可以为个性化学习提供强大的支持。

（3）跨学科学习。个性化学习计划通过跨学科整合，帮助学习者建立不同领域之间的联系。这种整合不仅能够促进更深层次的理解和知识应用，还能够激发大脑的可塑性——当大脑处理跨领域信息时，需要启动复杂的神经网络重组机制以优化信息整合。

3. 大脑可塑性与终身学习

一直以来，深植于人们心中的概念是儿童的大脑可塑性极高，但成人大脑不能发生重大改变。实际上，成人的大脑仍然可以产生新的、能发挥作用的神经元。大量研究表明，一定强度的训练可以促使成人大脑改变，即成人大脑也具有可塑性。例如，Sadato等人早在 1996 年就探究了这一问题，他们用 PET 技术测量了失明和正常被试在进行触觉区分任务时视觉皮质的血流量。结果表明，失明被试的初级和次级视觉皮质的血流量都增加了，而这些皮质正常情况下只对视觉刺激有反应，正常被试完成触觉任务时这些视觉皮质的血流量则下降了[10]。这些研究结果都说明，训练能重塑皮质功能组织模式，这印证了神经系统学习新信息与维持新技能的可塑性机制，为终身学习理论提供了神经生物学基础。

终身学习是一种持续的、自我驱动的学习过程，它贯穿于个体的整个生命历程。终身学习与大脑可塑性具有双向关系：这种学习方式是基于大脑可塑性的，同时对于维持和增强大脑的可塑性至关重要。

神经系统的可塑性是大脑适应环境变化、学习新技能和形成记忆的基础，也为教育提供了无限可能。通过了解大脑如何适应和学习，教育者可以开发出个性化的、有效的教学方法，以支持不同年龄段和具有不同需求的学习者。随着神经科学的发展，我们对大脑可塑性的理解将不断深化，这将为教育实践带来新的启示。

1.6　总结与反思

1.6.1　本章总结

在神经系统内，神经元作为信息加工的基本单元，其通过独特的电化学特性实现信息的传递和处理。神经元细胞膜在静息状态下的特性允许特定离子进行跨膜移动，从而

在细胞内外形成电位差。这种电位差作为一种潜在能量形式，是神经元传递信息的基础。当神经元受到刺激时，细胞膜的通透性发生变化，导致钠离子内流，产生动作电位。

当动作电位到达轴突末梢时，触发神经递质释放。这些神经递质通过突触间隙扩散，并与突触后神经元的受体结合，引发突触后神经元的电位变化。这种化学传递是神经元之间信息传递的关键机制，它使得神经系统能够处理复杂的信息并执行多样的任务。

神经系统由神经元和胶质细胞组成，其中神经元是中枢神经系统（包括大脑和脊髓）和外周神经系统（包括自主神经系统）的基本结构和功能单位。神经环路是在中枢神经系统各部分神经元群组之间形成的高度特异的相互连接。这些环路是神经系统处理信息和执行任务的基础，不同的神经元群组具有不同的功能，共同参与复杂的行为如运动控制、视觉加工等，或认知过程如记忆、语言表达和注意等。

神经发育是一个持续的过程，从胎儿生长的早期开始，一直持续到出生后以及青少年时期。新的研究表明，在整个生命过程中，生成新的神经元和新的突触是可能的，这为大脑的可塑性提供了生物学基础。这种可塑性是大脑适应环境变化、学习新技能和形成记忆的关键。

通过本章的学习，我们理解了神经元如何通过电化学信号传递信息，以及这些过程如何在神经系统中构建复杂的信息处理网络。这些知识为我们进一步探讨大脑可塑性与教育奠定了坚实的基础。

1.6.2　反思内容

（1）大脑可塑性如何影响学习策略的设计？

（2）如何通过教育实践增强大脑的终身可塑性？

（3）如何基于大脑可塑性原理，针对特定学习障碍（如阅读障碍）设计干预训练？

（4）如何利用大脑的奖赏环路增强学生的学习动机？如何将大脑的奖赏机制融入教育反馈系统？

（5）大脑的默认模式网络在教育中有何应用？

（6）基于大脑处理和整合来自不同感官信息的机制，讨论如何通过教育促进大脑的跨模态学习？

（7）早期教育如何利用大脑发育的关键期进行最优化？

（8）如何将认知神经科学的发现用以提高教育质量？

1.7　推荐阅读

[1]　阿什维尔.大脑之书[M].刘熹，王明宇，译.北京：人民邮电出版社，2024.

[2]　奥克利.脑科学学习法[M].欧阳瑾，陈兰，译.杭州：浙江教育出版社，2023.

[3] 唐孝威，杜继曾，陈学君. 脑科学导论[M]. 杭州：浙江大学出版社，2006.

[4] Bear M F，Connors B W，Paradiso M A. Neuroscience：Exploring the Brain[M].4th ed. Burlington：Jones and Bartlett Learning，2020.

[5] Bloom F E，Lazerson A，Nelson C. Brain，Mind，and Behavior[M]. New York：W. H. Freeman and Company，1988.

[6] Dehaene S. Consciousness and the Brain：Deciphering How the Brain Codes Our Thoughts[M].New York：Penguin Random House，2014.

[7] Kandel E R，Schwartz J H，Jessell T M. Principles of Neural Science[M].6th ed. New York：McGraw-Hill，2021.

1.8　参考文献

[1] Dennett D C. Darwin's dangerous idea[J]. Sciences，1995，35（3）：34-40.

[2] Dalton M A，Zeidman P，Barry D N，et al. Segmenting subregions of the human hippocampus on structural magnetic resonance image scans：an illustrated tutorial[J]. Brain and Neuroscience Advances，2017，1：2398212817701448.

[3] Gazzaniga M S. The split brain in man[J]. Scientific American，1967，217（2）：24-29.

[4] Staffaroni A M，Brown J A，Casaletto K B，et al. The longitudinal trajectory of default mode network connectivity in healthy older adults varies as a function of age and is associated with changes in episodic memory and processing speed[J]. Journal of Neuroscience，2018，38（11）：2809-2817.

[5] Li X，Liang Y，Chen Y，et al. Disrupted frontoparietal network mediates white matter structure dysfunction associated with cognitive decline in hypertension patients[J]. Journal of Neuroscience，2015，35（27）：10015-10024.

[6] Pelgrim T A D，Ramaekers J G，Wall M B，et al. Acute effects of Δ9-tetrahydrocannabinol（THC）on resting state connectivity networks and impact of COMT genotype：a multi-site pharmacological fMRI study[J]. Drug and alcohol dependence，2023，251：110925.

[7] Olds J，Milner P. Positive reinforcement produced by electrical stimulation of septal area and other regions of rat brain[J]. Journal of comparative and physiological psychology，1954，47（6）：419.

[8] Miller J M，Vorel S R，Tranguch A J，et al. Anhedonia after a selective bilateral lesion of the globus pallidus[J]. American Journal of Psychiatry，2006，163（5）：786-788.

[9] Giedd J N，Blumenthal J，Jeffries N O，et al. Brain development during childhood and adolescence：a longitudinal MRI study[J]. Nature neuroscience，1999，2（10）：861-863.

[10] Sadato N，Pascual-Leone A，Grafman J，et al. Activation of the primary visual cortex by Braille reading in blind subjects[J]. Nature，1996，380（6574）：526-528.

第 2 章

大脑可塑性与记忆的发展和培养

本章思维导图与关键问题 ▶ ▶

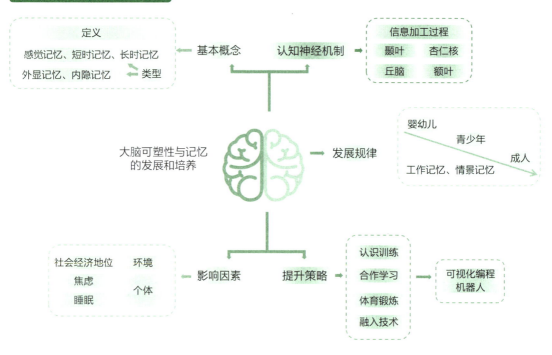

- 记忆有哪些不同的类型？它们有什么特点？
- 支持记忆过程的关键脑区有哪些？阐述它们的功能。
- 记忆的发展规律是怎样的？
- 家庭环境和个体差异对记忆发展如何产生影响？
- 早期教育中有什么提高儿童记忆力的策略？
- 学校教学中运用技术工具的记忆训练活动有哪些？

2.1 引言

记忆是过去经历的事物在大脑中留下的痕迹，对个体的学习和生活起着重要作用。想象一下，当我们准备驾车出行时，会想起"今晚我要开车，我不能喝酒；开车时不能分心看手机"。这体现了记忆的力量，因为先前的记忆让我们意识到喝酒后开车或开车时看手机可能会引发交通事故，从而促使我们做出安全的选择。神经科学和教育学领域的研究者致力于探索个体记忆的发展及其背后的神经机制。他们不仅关注记忆是如何加工的，还探究影响记忆保持和检索的因素。此外，教育者也在积极寻找各种记忆策略，以帮助个体提高记忆力。

本章将探讨记忆这一有趣的心理现象。在第 2~3 节中，我们将介绍记忆的概念、类型以及认知神经机制。接下来的第 4~5 节，我们将详细阐述记忆的发展规律和影响记忆发展的因素。而在第 6~7 节，我们将转向记忆的教育培养策略，通过具体的教学案例，介绍如何在教育实践中提升个体的记忆力。第 8 节将对本章的内容进行总结与反思。

2.2 记忆的基本概念

2.2.1 记忆的定义

记忆是大脑中积累和保存个体经验的心理过程，它是我们认知体系中不可或缺的一部分。从信息加工的角度来看，记忆可以被理解为大脑对外界输入的信息进行编码、存储和提取的过程。对于人们感知过的事物、思考过的问题、体验过的情感等，大脑会有不同程度的印象，其中一部分在一定条件下可得以恢复，这就是记忆。

记忆是一种基本的心理过程，它与其他心理活动紧密相关。有了记忆的参与，人们才能分辨和确定周围的事物；有了记忆的参与，人们才能积累知识和经验；有了记忆的参与，人们才能进行推理和判断。

记忆不仅是一种被动的存储活动，更是一种积极的、能动的过程。我们对外界输入的信息能够主动进行编码，使其成为大脑可以接受的形式。此外，记忆是保存个体经验的一种形式，尽管个体经验可以通过书籍、图画等多种方式保存，但只有在大脑中保存个体经验的过程才被称作记忆。

2.2.2 记忆的类型

1. 感觉记忆、短时记忆和长时记忆

从信息加工的过程上看，记忆可以分为感觉记忆、短时记忆和长时记忆。

感觉记忆，又称为瞬时记忆，是信息处理的第一站，是由刺激物作用于感觉器官引

起的短暂记忆。感觉记忆拥有巨大的容量，但其保持时间极短，通常不到一秒。它能够精确地捕捉我们所有感官接收的信息，但这些信息若未被注意，就会很快消失。例如，当我们瞥见一道光时，那道光的影像在感觉记忆中仅短暂停留便迅速消退。通常，我们并不会关注所有遇到的信息；只有那些引起我们注意的信息，才会被转移到短时记忆中被进一步处理。视觉编码和语言编码是感觉记忆的两种主要编码形式，视觉编码的记忆容量大，保持时间相对短；语言编码的容量比视觉编码小，但保持的时间比视觉记忆长。

短时记忆是感觉记忆和长时记忆之间的缓冲器，负责暂时储存信息。经"注意"后的信息，会在短时记忆中得到登记和保存，时间大概在 1 分钟之内。短时记忆的容量有限，通常只能容纳 7±2 个信息单位，并且在同一时间内，我们只能主动处理 2~4 个新信息单位。短时记忆是信息进入长时记忆的加工器，能够对新信息进行编码并实现新旧信息的"糅合"。复述是将信息从短时记忆转入长时记忆的有效加工手段。一旦转入不成功，信息内容就会丢失。

短时记忆中的信息被充分理解和加工后，进入长时记忆并得到编码和保存，它便成为大脑永久记忆的一部分。长时记忆的保持时间在 1 分钟以上，一般能保持数年甚至终生。长时记忆中的信息可能因为消退、干扰或强度降低而不能被有效地提取出来，但这些信息的储存是永久的。通常认为长时记忆的容量是无限的，主要基于语义编码。在长时记忆中，信息被组织成模块，这些模块是单个的知识单元，它们允许对特定任务的信息进行编码、储存和提取。模块是动态的，随着新信息的不断加入，它们会不断发展变化，为解释新信息提供框架。

工作记忆

工作记忆的概念是通过对短时记忆系统的研究提出来的。在进行学习、记忆、思维及问题解决等高级认知活动时，人们需要一个暂时的信息加工与存储机制，它能够保存被激活的信息表征，以备进一步加工之用。

工作记忆与短时记忆有所不同，短时记忆系统是由单一的暂时信息存储所构成的系统，工作记忆还包含注意控制和复述保持等加工过程。工作记忆由三个相对独立的成分构成，在言语理解、问题解决、推理和学习等高级认知活动中具有重要的作用。

巴德利（Baddeley）和希契（Hitch）提出的工作记忆模型认为，工作记忆是由中央执行系统、语音回路和视觉空间模板组成的复杂系统（见图 2-1）。其中，中央执行系统是工作记忆模型的核心，它负责各子系统之间以及它们与长时记忆之间的联系，还负责注意资源的管理和策略的选择。语音回路是专门负责以声音为基础的信息存储与控制的装置。它由两部分构成，一部分是语音存储，另一部分是发音控制，通过默读复述来防止语音表征的消退。视觉空间模板负责处理视觉空间信息，包括视觉元素和空间元素两部分。

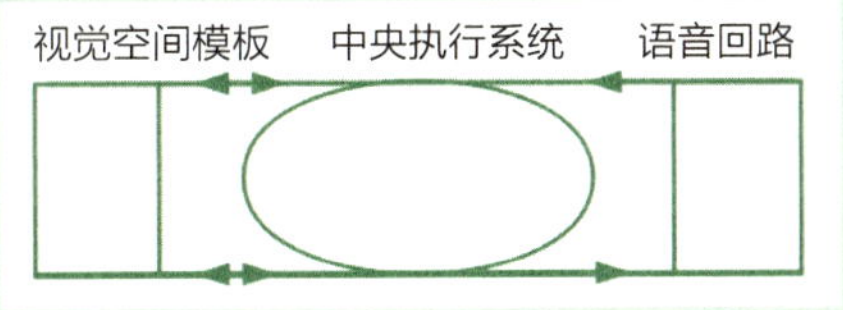

图 2-1 Baddeley和Hitch提出的工作记忆模型

2. 外显记忆和内隐记忆

从记忆是否与先前经历信息相关看，记忆可以分为外显记忆和内隐记忆。

外显记忆是一种有意识的记忆形式。在外显记忆中，情景记忆和语义记忆是两个重要组成部分。情景记忆是指人根据时空关系（特定的时间、空间）对某个事件的记忆，与个人的亲身经历密切相关。语义记忆是指人对一般知识和规律的记忆，与特殊的时间、地点无关，它表现在单词、符号、公式、规则、概念这样的形式中。

内隐记忆是一种无意识的记忆形式。内隐记忆包括技能与重复启动两方面。具体来说，当人们学会一项技能后，使用技能反映的是无意识记忆。例如，学会骑自行车后，人们不需要思考如何把握方向、保持平衡，便可向前骑行。重复启动是指在重复某项目时，其加工过程会更高效、更流畅。例如，当人们看到反复出现的商品广告时，头脑中的信息加工会更高效，更可能增加购买商品的可能性。内隐记忆并非各自独立存在的，技能学习被认为是基于重复启动，多次练习可以提高信息加工的效率。

2.3 记忆的认知神经机制

2.3.1 记忆的认知机制

著名心理学家与教育家加涅（Gagné）认为，对记忆的信息进行加工的过程是将输入信息在短时记忆中和已有的信息进行联结，不断构建和完善个体"经验网络"的过程，分为编码、存储和提取三个阶段。

1. 编码

这是记忆过程中"记"的阶段，是个体经验的获取过程。我们通过感官接收外界信息，并将这些信息转化为大脑可以处理和存储的形式。例如，学生在阅读或做题时，他们的大脑就对信息进行编码。

2. 存储

存储是将感知过的事物、体验过的情感、做过的动作、思考过的问题等，以一定的形式保存在大脑中。在长时记忆中，信息的存储是一个动态的、持续变化的过程。随着

时间的推移，存储的信息可能在数量上逐渐减少，而在质量上则可能发生各种形式的变化，如信息重组或强化。

3. 提取

提取是记忆过程的最后一个阶段，它包括再认和回忆两种基本形式。再认是指当感知过、思考过或体验过的事物再次出现时，大脑能够识别的心理过程。而回忆则是人们经历过的事物以形象或概念的形式在大脑中重新出现的过程，它可能需要更大的努力和更多的时间。

2.3.2 记忆的神经机制

1. 与记忆有关的脑结构

目前普遍认为，学习事件首先在新皮质（例如视觉皮质）中被编码，然后被传递到内侧颞叶，内侧颞叶与新皮质的协同激活标志着记忆痕迹的初步形成。随后，这些暂时的记忆痕迹通过快速的突触巩固和缓慢的系统巩固，在大脑的特定区域得到加强，最终形成长期记忆。在这个过程中，颞叶、杏仁核、额叶、丘脑和顶叶扮演着至关重要的角色。

1）颞叶

颞叶是人的听觉中枢所在地，和记忆的关系最密切，一旦颞叶受到损伤，人就会失去长时记忆的能力。这主要是由两个方面的原因造成的。

一方面，颞叶外侧的新皮质对记忆有重要的影响。研究表明，新皮质受损所产生的影响是不同的：如果左侧颞叶被切除，则会对人的言语记忆产生影响；如果右侧颞叶被切除，则人们对复杂几何图形、面貌以及声音的记忆都会严重受损。

另一方面，颞叶内侧的海马结构在长时记忆的形成中起着关键作用，海马主要负责巩固记忆信息。一旦海马受到损伤，人就会产生记忆障碍，并且损伤越严重，记忆障碍就越严重[1]。研究表明，海马左右两侧损伤会造成不同的记忆障碍，这些障碍在性质上存在显著差异。左侧海马损伤会直接损害对言语材料、数字以及无意义的音节的记忆；右侧海马损伤会严重影响对非言语材料、面貌和空间位置的记忆。

同时，海马的不同子区域表现出功能分化，并在记忆中发挥着不同作用。在记忆编码和提取过程中，海马的尾部在情景记忆的提取上发挥着关键作用，而海马的头部则可能更多地参与新刺激的处理和编码。此外，不同的海马亚区也有不同的功能。例如，CA1 与记忆巩固、提取和识别有关，而下托与工作记忆有关，CA3 和 DG 与早期的编码过程有关。

2）杏仁核

杏仁核在将感觉体验转化为记忆的过程中发挥着重要的作用。杏仁核复合体会沿着记忆系统中的一段通路和丘脑联系，把感觉输入信号汇聚起来的神经纤维，送入与情绪活动有关的丘脑下部，因此它和皮质的所有感觉系统存在着直接的联系。一旦杏仁核被切除，就会破坏视觉信息和触觉信息的汇聚，人的辨别能力会严重下降。

在巩固记忆中，杏仁核的激活与海马、顶叶、额叶等区域相关，并存在个体差异。例如，有研究发现在情绪唤醒条件下，女性和男性的情绪记忆会以不同的方式激活杏仁核。

3）额叶

在大脑内部，影响记忆先后顺序的部位是额叶。曾经有人用两个实验证明了额叶在时间顺序记忆上发挥着至关重要的作用。第一个实验是用非语言刺激所进行的实验，主要材料是图片等。第一步是呈现一系列配对的图片，要求被测试者记忆；第二步是出示一些配对的图片，要求被测试者指出这些配对的图片之前有没有出现过，如果出现过，就必须指出这些图片出现的先后顺序。实验结果表明，在图片的再认和回忆上，右颞叶损伤者出现了轻微的衰退现象，右额叶损伤者则表现正常；在先后顺序上，额叶损伤者出现了显著的记忆缺失，其中右额叶损伤者的记忆缺损状况最严重。第二个实验是用一系列配对的词语所进行的实验。结果表明，在回忆词语是否出现过的过程中，颞叶受到损伤的人会出现一些障碍，而额叶损伤者的表现则完全正常；但是在先后顺序的记忆上，额叶受到损伤的人，特别是左额叶损伤者，出现了十分明显的记忆障碍现象。

前额叶皮质（prefrontal cortex，PFC）与工作记忆和执行功能有关，在支持丰富记忆表征的过程中有重要作用。当接收的新信息与现有的知识相关联时，内侧前额叶皮质（medial prefrontal cortex，mPFC）会选择对与特定任务相关的记忆进行重新激活，然后将重新激活的记忆信号通过白质纤维束投射到内侧颞叶的海马，海马将重新激活的内容与当前经验相结合，形成一个完整的记忆轨迹。此外，不同的区域也有不同的功能，在背外侧前额叶皮质（dorsolateral prefrontal cortex，dlPFC）和腹外侧前额叶皮质（ventrolateral prefrontal cortex，vlPFC）内的区域与积极的后续记忆效应相关，在背内侧前额叶皮质（dorsomedial prefrontal cortex，dmPFC）和腹内侧前额叶皮质（ventromedial prefrontal cortex，vmPFC）内的区域与消极的后续记忆效应相关。

4）丘脑

在回忆过程中，丘脑也起到了重要的作用。在人认识环境时，特异性丘脑部位能够激活特异性皮质区域，人就会把注意力转向储存记忆库，从而回忆起信息。丘脑背内侧核大细胞群的变性可能与记忆障碍有关。研究表明，遗忘症患者常常伴有脑萎缩现象。此外，乳头体的坏死和丘脑背内侧的损伤也是遗忘症患者中常见的脑部变化。同时，丘脑可能是记忆提取神经回路的关键组成部分，并且在与记忆相关的高级皮质受损时，可能发挥补偿作用。在复杂的联想过程中，丘脑的激活水平显著增强。此外，对于同时呈现的两个刺激，当刺激类型相同时，左侧丘脑表现出更高的敏感性；而当刺激类型不同时，则右侧丘脑更敏感。

5）顶叶

研究表明，左侧顶叶与短时记忆相关。左侧顶叶受损的个体在数字广度测试中的表现显著下降，但在词语配对和故事回忆测试中却能保持良好表现。研究者在左侧顶叶的功能研究中发现，听觉与视觉短时记忆在大脑皮质中的处理区域存在差异。失读症患者对通过听觉通道的短时记忆表现正常，而对通过视觉通道接收的信息则表现出记忆衰退现象。相比之下，失语症患者在听觉短时记忆受损的情况下，其视觉短时记忆未出现显著衰退。

"被记住"的 H.M.

1926 年 2 月，亨利·莫莱森（Henry Molaison，H.M.）出生在美国哈特福德。大多数男孩的童年都少不了大大小小的意外，H.M.也不例外，他在 7 岁的时候经历了一起自行车事故，头部受了轻伤。彼时，H.M.一家并没有在意这个小意外。然而，10 岁时，H.M.出现了轻度癫痫的症状——H.M.迎来了生命中第一个变数。随着年龄的增长，H.M.的症状愈发严重，服用大量抗癫痫药物也无济于事，后来他已经无法正常工作和生活。为了摆脱癫痫的噩梦，27 岁的 H.M.在神经外科医生威廉·斯科维尔（William Scoville）的建议下接受了颞叶切除手术，手术中斯科维尔切除了 H.M.的大部分海马及其周围内侧颞叶组织（见图 2-2）。

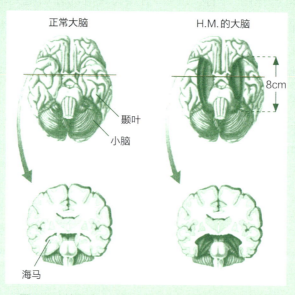

图 2-2 接受手术后 H.M.的大脑与正常大脑的比较

H.M.的生活在接受手术之后发生了翻天覆地的变化。他的癫痫症状得到了缓解，但自此之后，他就失去了形成新的长时记忆的能力。H.M.的生活从此陷入了数十秒的意识循环，他对自己的认知也永远停留在了 27 岁这一年。手术虽然没有影响 H.M.的个性、智力、抽象思维能力和推理能力，但他的记忆能力差得令人难以置信。

1957 年，斯科维尔和米尔纳（Milner）总结了包括 H.M.在内的 10 例接受过海马切除手术患者的记忆丢失现象的研究结果，发表了题为 "Loss of recent memory after bilateral hippocampal lesions" 的论文[2]，提出了海马和海马旁回在记忆信息存储中的重要作用。H.M.这个名字第一次出现在神经科学领域的文献中，这篇文献至今还保持着相当高的被引频率。"记不住"的 H.M.将被神经科学家永远记住。

2. 记忆加工过程的神经生理基础

随着神经生理学的发展，研究表明记忆不单单是和大脑皮质中的某些部位有密切关系，同时和人的大脑中的某些生理单元有很紧密的关系。

1）编码阶段

大脑在受到外界各种信息的刺激之后，会产生一种具有电流性质的痕迹，这种刺激痕迹在经过多次强化之后，发生化学性质和组织上的变化，从而形成记忆。

2）存储阶段

短时记忆和长时记忆依赖于不同的生理单元。反响回路是短时记忆的生理基础。反响回路是一种闭合的神经环路，连接皮质和皮质下组织。外界信息进入大脑时，会对大脑产生一定的刺激，这种刺激会使回路产生神经冲动。即使刺激停止，神经冲动仍在回路中持续传递，形成短时记忆，通常持续 20~30 秒。

长时记忆的形成则与突触结构的变化有关。神经元是一种能够更新、传递和接受电脉冲的特殊细胞，它们通过突触与其他神经元相连接。持续的刺激会导致突触发生适应性变化，如突触后膜增大、树突扩展和产生分支、突触间隙缩小等，从而增强神经元间的连接强度，形成稳定的长时记忆。

3）提取阶段

研究发现，学习和记忆过程中的神经活动，能够改变相关的神经元内的核糖核酸的化学结构，这有助于个体提取记忆经验。乙酰胆碱作为一种重要的神经递质，会对突触部位的化学变化产生显著影响，从而影响记忆的提取过程。乙酰胆碱和钙离子的相互作用，确保了神经冲动的有效传递。然而，突触部位钙离子的过量积累可能会干扰这一过程，导致记忆力衰退。

记忆的时空之旅：探索情景记忆的奥秘

情景记忆是指在特定时间和地点背景下对个人相关事件信息的记忆。个体要记

住亲身经历的事件，就需要将事件核心信息与事件发生的时间、空间等背景信息进行绑定，因此，绑定加工能力的发展是情景记忆发展的基础。

儿童情景记忆绑定加工能力的发展以其神经系统的发育为基础。内侧颞叶和前额叶皮质与情景记忆有关。情景记忆的双组分发展模型认为，情景记忆主要包含两个相互作用的组成部分，即联想成分和策略成分。联想成分是指在编码、存储和提取过程中将事件的不同方面绑定成一个整体情节的认知过程，其主要依赖于内侧颞叶和海马；而策略成分是指在编码、存储过程中，通过利用已有知识和策略对信息的多个特征进行组织、整合以实现精细加工的过程，其主要依赖于前额叶皮质。这两个成分协同发展才会发生高水平的情景记忆绑定加工。海马在儿童 4.5 岁左右成熟，但前额叶皮质的发育成熟时间跨度较大，一般从儿童期持续至成年早期，这两个脑区之间的协同作用对于情景记忆的形成、巩固与检索至关重要。

思考：李明在一次交通事故中头部受到撞击，导致他暂时失去了对事故当天及之前一段时间内的情景记忆。经过一段时间的治疗和康复训练，李明逐渐恢复记忆，但他的记忆恢复并不是线性的，而是呈现出跳跃性和选择性的特点。那么李明的大脑中哪些区域可能受到了损伤，这些损伤是如何影响他的情景记忆的？如何帮助李明更好地恢复他的情景记忆？

2.4　记忆的发展规律

在众多记忆类型中，我们特别选择了工作记忆和情景记忆作为重点来深入探讨记忆的发展规律。工作记忆作为信息处理的核心，直接影响人们的思考、规划和问题解决能力；而情景记忆则对个人经历进行长期存储，帮助人们构建自我身份。这两种记忆与我们的日常生活紧密相关，它们的功能和发展反映了个体认知成熟的过程。

2.4.1　工作记忆的发展规律

工作记忆是指大脑在短期内暂时存储和处理信息的能力，它在认知活动中扮演着核心角色，如推理、理解、问题解决和决策等。工作记忆是认知任务的"工作台"，它允许我们同时处理和操控多种信息，例如在心算时记住中间结果，或者在听别人讲话时记住他们刚刚说过的话。海马在工作记忆形成中扮演着至关重要的角色。它不仅是执行工作记忆认知功能的重要脑区，而且其前后亚区通过 3~12Hz 频段的同步振荡活动支持工作记忆加工。此外，工作记忆的形成还涉及一个由皮质、基底节和丘脑等组成的多脑区网络，这些区域相互作用，共同促进工作记忆的有效形成和运作。

在婴幼儿的早期发展阶段，婴幼儿会表现出对"客体永久性"的理解，即便物体不在视线之内，他们也能够记住物体的存在，这标志着工作记忆的初步形成。这时婴幼儿的工作记忆非常有限，通常只能同时记住 1~2 项信息。随着大脑的发育，尤其是前额叶皮质的成熟，婴幼儿的工作记忆容量逐渐扩大。

进入儿童时期，工作记忆容量显著增加，能够同时处理更多信息。这一时期，工作记忆的发展与数学运算等高级认知功能的发展密切相关。儿童逐渐学会使用记忆策略，如复述、分类和信息组织，这些策略显著提升了工作记忆的效果。这一时期，功能相对较成熟的大脑默认网络对额顶叶网络发挥"脚手架"的支持作用，促进工作记忆能力的发展。

到了青少年时期，工作记忆功能的复杂性不断提高。青少年的工作记忆能力接近成人水平，但仍在继续发展，尤其是在处理复杂任务和多任务方面。工作记忆能力的最大增长发生在青春期中期之前，并持续至成年早期[3-4]。这一时期，与工作记忆编码和维持相关的脑区，如前额叶和顶叶皮质进一步成熟，活动增强，灰质体积达到峰值，与过滤无关信息能力相关的基底神经节也逐渐成熟。

成年后，工作记忆能力达到峰值，成年人能够有效地处理和操作大量复杂信息，支持日常生活和工作中的决策和问题解决。然而，工作记忆的容量和效率可能会受到压力、疲劳或情绪波动的影响。

随着年龄增长，到了老年期，老年人的工作记忆能力可能会下降，尤其是在处理新信息或进行复杂认知任务时。尽管如此，经验和熟练度可以在一定程度上弥补这种衰退，使得老年人在执行他所熟悉的任务时仍能表现出色。

2.4.2　情景记忆的发展规律

情景记忆是对个人经历的具体记忆，包括时间、地点、人物、事件以及相关的情感体验。它不仅能使我们回忆过去的经历，还会影响我们的身份认同和决策过程。情景记忆绑定加工功能的发展与神经系统的成熟密切相关。特别是内侧颞叶和前额叶皮质，在情景记忆中扮演着关键角色。

婴儿期的情景记忆能力非常有限，通常难以形成持久的情景记忆。婴幼儿的早期记忆主要依赖于他所熟悉的情境和重复发生的事件。随着大脑结构的发育，尤其是海马和内侧颞叶的成熟，婴幼儿逐渐能够形成并保存短暂的情景记忆。9 个月是婴儿情景记忆能力发展的过渡期[5]，此时婴儿开始爬行，探索环境并尝试对变化进行概括，逐渐发展出编码经验和事件的能力，能够记住场景和面孔之间的关系，并在短时间内维持这些记忆。

语言能力的发展极大增强了儿童的情景记忆能力。儿童不仅能够回忆和叙述过去的事件，还能利用语言为情景记忆提供结构化的框架。他们会使用简单的记忆策略，如复述和组织，帮助自己更加连贯和系统地记忆信息。随着年龄的增长，儿童情景记忆能力显著提升。研究发现，5~6 岁儿童对背景信息中细节的记忆能力超越了 3~4 岁儿童，4~8

岁儿童的情景记忆能力逐年提高，特别是在5~7岁背景信息的记忆能力有显著的发展。这些进步与儿童早期海马在结构和功能上的发展密切相关[6]。功能性磁共振成像研究显示，海马在儿童情景记忆形成过程中的参与程度与记忆表现有显著的相关性，尤其是在记忆编码过程中，海马与额顶叶的功能连接与儿童的项目记忆和背景记忆紧密相关。

进入青少年期，情景记忆的细节记忆能力大幅提升，尤其是在处理复杂、情感丰富的事件时。这个时期的记忆往往比儿童期的记忆更持久和生动。同时，社交互动和自我意识的增强，使得情景记忆具有更强的自传性质，影响个体的自我认同和社会关系。这一时期，前额叶皮质的厚度增长，额叶和颞叶的功能联结增强，海马的DG/CA3区活跃度增加，儿童的情景记忆能力不断提高。

成人的情景记忆在处理复杂事件和维持长时记忆方面表现出色。成年期的情景记忆常被用于指导未来的决策和计划。然而，随着时间的推移，记忆的细节可能会被遗忘或在重复提取和叙述的过程中被重构。

老年期的情景记忆功能可能会衰退，特别是在记忆新事件或复杂情景时。尽管随着年龄的增长，个体对时间和地点信息的记忆能力可能会有一定程度的下降，但拥有高认知储备的老年人往往能够更有效地激活与情景记忆相关的脑区，并利用强大的神经补偿机制来维持记忆功能。此外，老年人倾向于对那些情感上具有重大意义的事件保持较清晰和持久的记忆，这可能是因为情感加工在情景记忆的编码和巩固中发挥了关键作用。

童年的隐形墨水：婴幼儿期记忆失踪大揭秘

婴幼儿期遗忘现象，指的是人通常无法回忆起三四岁之前的记忆。这一现象有多种可能的解释。

（1）大脑发育不成熟：婴幼儿时期，大脑尤其是海马的神经细胞生成非常快，这可能会干扰记忆的存储。

（2）神经生成的影响：在婴幼儿大脑中，快速的神经生成可能会排挤存储着记忆的旧神经元，导致记忆丧失。

（3）语言能力的影响：一些理论认为记忆可能根植于语言，婴幼儿的语言能力发展可能影响其长时记忆的形成。

（4）心理压抑：弗洛伊德提出，儿童可能压抑了婴儿时期的欲望和情绪，以避免它们进入成人的心灵。

（5）记忆编码和提取：儿童期的目标与成年后的目标差异很大，导致无法激活与儿童期目标相联系的知识基础，不能成功提取记忆。

（6）早期记忆的无意识影响：尽管我们可能无法回忆起婴幼儿时期的记忆，但那个时期的经历仍然在无意识层面影响着我们的行为和偏好。

（7）自我保护机制：无法回忆童年的不开心事件可能是一种自我保护机制，帮助个体忘记痛苦的经历。

　　思考：你认为幼儿期遗忘现象对我们的成长有哪些可能的好处？试着想象一下，如果没有这种遗忘现象，我们的记忆世界会是怎样的？

2.5　影响记忆发展的因素

2.5.1　环境因素

　　社会与家庭等外部因素会显著影响儿童的记忆力。家庭的社会经济地位是指家庭获得经济资源（如收入和物质财富）和社会资源（如社会声望和教育）的能力，通常基于家庭收入、父母受教育水平或父母职业声望来衡量。它与父母的养育行为和家庭压力相关，深刻影响着儿童神经认知系统的发展。

　　在整个儿童和青少年时期，处于家庭经济地位劣势的儿童在工作记忆方面面临挑战，这不仅涉及简单信息的存储，而且包括信息处理和操作的能力。研究表明，在社会经济地位较低家庭中的儿童在工作记忆任务和复合记忆任务[7-8]上表现较差。此外，家庭的社会经济地位还与儿童在数字广度和空间记忆任务中的表现有关，贫困持续时间会影响17岁以下儿童的空间工作记忆。父母的养育和家庭环境刺激对儿童的长时记忆同样具有预测作用[9-10]。儿童家中的图书数量和父母给儿童阅读的时间等是影响长时记忆的重要因素。

　　在社会经济地位较低家庭中的儿童可能承受更多压力，这会对特定的大脑结构，如海马、杏仁核和前额叶皮质产生不利影响。父母的受教育水平较低和家庭收入较少，意味着儿童从家庭环境中获得语言和社会刺激相对有限，这些因素可能导致儿童产生长期的认知和记忆障碍。研究发现，长时间缺乏父母陪伴作为一种早期生活逆境，会影响儿童的海马发育，进而影响他们未来生活中的压力调节能力和记忆能力[11]。父母的受教育水平与家庭认知刺激密切相关，受教育水平较高的父母倾向于花更多时间陪伴孩子，使用丰富和复杂的语言，并参与促进社会情绪发展的活动，这对儿童的脑发育具有积极影响。研究发现，父母的受教育水平与儿童海马体积显著相关[12]，与杏仁核体积存在正相关关系[7]。早期的经历，尤其是幼年时期的经历，与成年后海马体积和功能改变有关，其会进一步影响个体的记忆能力发展。

2.5.2　个体因素

1. 焦虑

　　焦虑能够显著影响个体的回忆过程。焦虑的个体倾向于回忆更多的威胁性信息，以此来调节情绪[13]。进一步的研究发现，在高焦虑水平的个体中，这种对威胁性记忆的选择性倾向更为明显。

焦虑对记忆的影响是复杂的多因素过程。首先是编码阶段的加工深度，这在对威胁性信息的选择性回忆中起着决定性作用。研究指出，当信息通过视觉通道编码时，焦虑症患者更可能回忆起威胁性内容。其次，刺激的类型是一个关键因素。在自由回忆的外显记忆任务中，焦虑个体比低焦虑个体更可能回忆起威胁性信息，而在内隐记忆任务中这种差异不显著[14]。文字或图片这类静态呈现方式能促使焦虑个体回忆更多的威胁性刺激，而视频或物体等动态呈现方式则不会导致出现这种选择性回忆。最后，年龄也是一个影响因素，特质焦虑在低年龄段的学生中更为普遍，且这些学生对威胁性信息的回忆率更高[15-16]。这可能是因为年轻大脑更倾向于处理负面信息，而随着年龄的增长，大脑可能出现优先处理积极信息和避免消极信息的倾向。

2. 睡眠

慢波睡眠对记忆巩固和神经可塑性有非常关键的作用。研究指出，在睡眠的特定阶段，尤其是慢波睡眠和快速眼动睡眠期间，大脑会重新加工记忆痕迹，巩固记忆内容。快速眼动睡眠在技能记忆的巩固方面发挥着重要作用，而慢波睡眠则在加强依赖海马的外显记忆方面尤为关键。

大量研究证明，睡眠剥夺会导致注意力下降、学习能力和记忆力显著减退，反应变慢，甚至出现间歇性失忆等。记忆编码依赖于前额叶皮质的完整性，而睡眠剥夺会明显降低前额叶皮质功能，严重影响对外显记忆的编码[17]。此外，睡眠不足对情绪记忆的编码也有影响，特别是对中性与积极情绪的记忆编码影响更大。

睡眠对神经可塑性具有显著的促进作用，有助于维持神经元间的有效连接，强化主要的突触连接，并修剪次要的神经连接，从而提高记忆力[18]。在睡眠中，大脑皮质会经历神经可塑性的变化，"离线"加工最近的经验和不断"重现"现实经验。

因此，保证充足的睡眠时间和良好的睡眠质量对于促进记忆力的发展至关重要，特别是在高强度学习期间。午睡可能是一个有益的补充策略。

睡眠的力量：为何休息能够巩固记忆？

睡眠阶段反映了人在睡眠中经历的不同生理状态，可通过脑电波、眼球运动和肌肉张力等生理指标来识别。一个典型的睡眠周期包含以下几个阶段：首先是入睡阶段，即非快速眼动睡眠的第一阶段，标志着睡眠的开始，脑电波从清醒模式过渡到睡眠模式，通常只持续数分钟。其次是浅睡眠阶段，占据睡眠周期的大部分时间，脑电波进一步放慢。第三是深睡眠阶段，也称为慢波睡眠，此时身体恢复和生长激素分泌最活跃，脑电波呈现慢波形，肌肉彻底放松，人难以被唤醒。最后是快速眼动睡眠阶段，此时眼球快速移动，梦境活动频繁，脑电波近似于清醒状态，但身体肌肉暂时瘫痪。一个完整的睡眠周期持续约90分钟，成年人一晚上可能经历4~6个这样的周期。

睡眠在巩固复杂和情感丰富的外显记忆方面起着关键作用。在快速眼动睡眠阶段，大脑状态的变化有助于访问较弱的联想，从而增强新信息的灵活和创造性处理。研究发现，在得到充足睡眠后，人们在单词联想任务中表现更佳。经过一夜睡眠，初步练习数字序列问题解决任务的个体能够更好地洞察隐藏的规则，提高策略执行的效率。小睡同样对记忆巩固至关重要。研究发现，90分钟的小睡可以引起学龄儿童海马和海马旁回区域、前额叶皮质的依赖性变化，特别是在学习记忆任务后进行小睡，其间慢波睡眠活动的增加与海马区域的变化有关，这种变化是新学习表征所特有的。

睡眠对内隐记忆的影响也不容忽视。它有助于重组程序性运动和视觉技能记忆的表征，在睡眠中通过选择性改善序列的问题区域，将分散的运动记忆单元整合为单一记忆元素，提高记忆的准确性和速度。睡眠纺锤体波可能触发关键的细胞事件，激活记忆的神经机制，进一步促进记忆巩固。

2.6 提高记忆力的教育策略

家庭社会经济地位和焦虑、睡眠不足带来的心理压力与脑活动变化，是影响个体记忆的关键要素。家庭的社会经济地位会通过教育资源和教养方式间接影响记忆的发展。睡眠对于巩固记忆至关重要，而焦虑可能会干扰记忆的编码和提取过程。认识到这些影响因素的同时，我们也可以采取一系列策略来提升记忆力。首先，通过认知训练来锻炼大脑，增强信息处理能力；其次，通过合作学习与他人互动，共享信息和增强记忆；第三，保持健康的生活方式，如定期锻炼和保证充足的睡眠，以维护记忆力；最后，利用技术手段，如在线学习平台，提高学习效率和记忆力。这些方法综合运用，有助于我们在学习生活中更有效地存储和回忆信息。

2.6.1 认知训练

认知训练是一种干预方法，它通过利用认知任务或需要高度智力的活动来提高个体的一般认知能力。研究表明，这种训练不仅能提升训练任务的表现，还能改善与训练任务密切相关的其他任务的表现[19]。

Cogmed RM工作记忆训练是一种针对7~18岁儿童和青少年的认知训练，旨在通过一系列设计精密的任务来增强儿童的工作记忆（www.cogmed.com）。该训练包含13项言语和视觉空间工作记忆任务，如回想空间内物品的位置、回忆一系列数字和字母、再现立方体中方块点亮的顺序等。这些任务专门用来提高工作记忆的容量或资源使用效率，并期望通过这种提升产生迁移效应，从而增强记忆和其他认知能力。训练难度会根据个

人的进步逐渐提高，以持续挑战和提升认知能力。训练计划还可以根据个人的具体情况和需求进行调整。标准的训练为每次 25 至 50 分钟的专注练习，每周 3 至 5 天，持续 5 至 13 周。英国著名发展认知神经科学家邓肯·阿斯尔（Duncan Astle）团队的研究发现，经过 Cogmed RM 工作记忆训练的儿童，其右侧额顶叶网络和左侧枕叶皮质之间的连接发生了积极变化，这些儿童在静息状态下的神经连接强度有所增加。

此外，训练中还观察到大脑中的任务控制中心可以根据感觉输入的内容来调节持续处理能力[20]。这种自上而下的调节信号也出现在工作记忆编码、存储和检索的不同阶段。因此，工作记忆训练可以增强大脑在处理和保持信息时的能力，从而提高工作记忆的容量。

训练工作记忆的小游戏

认知训练不仅包括提高基本认知能力以改善其他认知任务表现的练习，还包括一系列游戏活动。以下是一些训练工作记忆的小游戏。

（1）记忆匹配：使用一组配对卡片，让学生每次翻开两张卡片并尝试配对。

（2）西蒙说：给出指令，例如"西蒙说，摸摸头"，学生遵照执行。

（3）猜字谜：一名学生表演一个单词或短语，让其他学生猜。

（4）故事链：首先讲述一个简短的故事或事件，然后让第一个学生继续讲故事，添加新的事件或细节。然后每个学生继续为故事添加内容。

（5）词阶：在此活动中，学生通过一次改变一个字母将一个单词变成另一个单词，例如，将"cat"改为"bat"，将"bat"改为"bag"。

（6）n-back 任务：向学生展示一系列刺激（例如，字母、数字或图像），并要求他们识别当前刺激与"n"项之前呈现的刺激相匹配的情况。这项活动要求学生不断更新所掌握的信息，从而增强工作记忆。

思考：进行长时记忆训练，比较不同训练的过程和效果。这样的认知训练有什么优势和不足？

2.6.2　合作学习

合作学习是增强学习动机、减少认知负荷的有效途径。合作学习是指由两个人或更多人组成的小组通过讨论、分享和理解彼此的知识，表达个人想法，并努力整合和扩展现有的知识结构，构建更加全面的知识框架，从而促进记忆的形成。

根据合作对记忆益处的认知模型[21]，个体在合作过程中通过再暴露、再学习和错误纠正等机制来提升随后的个体记忆表现。研究发现，经历过合作学习过程的个体在记忆检索任务中得分更高。合作过程中，学生通过听取同伴的想法，获得重新接触学习材料的机会，这不仅为他们提供了额外的学习和检索机会，而且也有助于他们在回忆前对材料进行复习。此外，合作学习还提供了重新学习内容的机会，有利于个人的后续回忆。合作期间，学生还能接收来自同伴的反馈，有助于减少在随后的个人回忆中可能犯的错误。认知神经科学的研究显示，协作记忆会激活与理解他人和自传体记忆相关的大脑区域，如内侧前额叶皮质、右侧颞顶叶交界处和楔前叶[22]，这可能会对个体的后续记忆检索产生积极影响。

合作学习对记忆效果的作用还受到多种因素的影响，包括小组规模、材料类型、分类方式、协作阶段、任务过程和测试方法等。例如，研究发现随着群体规模的扩大，合作学习对个体随后的记忆检索有逐渐增强的促进作用。此外，向学生呈现分类材料可以降低记忆难度可能是因为分类材料提供了类别线索，有助于提高合作学习的效果。

2.6.3 体育锻炼

体育锻炼有助于改善神经可塑性，进而促进儿童和青少年记忆能力的提高。青春期是大脑成熟和神经内分泌环境改变的关键时期，此时运动引起的脑源性神经营养因子的增加，能够促进海马区的神经发生，提高人的工作记忆能力。研究发现，高中生进行为期三个月的跑步锻炼，特别是中高强度的有氧运动，不仅能提高静息状态下的脑源性神经营养因子水平，还能有效改善工作记忆表现[23]。相比于不参与有氧运动的儿童，参与有氧运动的儿童，其与认知控制相关的背侧纹状体体积和与关系记忆相关的海马体积都更大。

因此，学校和家长应当充分认识到体育活动对儿童全面发展的重要性，并在日常生活中确保儿童和青少年有足够的机会参与体育活动。学校应提供高质量的体育课程，不仅要确保儿童从体育活动中获益，还要激发他们对体育活动的长期兴趣。良好的体育课程设计应以儿童为中心，尊重他们的发展水平，鼓励他们参与体育活动。对于在社会经济地位较低家庭中的儿童，他们参与体育活动的障碍可能更多，这要求社会增加对公共体育设施的投入，以让所有儿童都能获得体育锻炼带来的好处。

2.6.4 融入技术

技术在教育领域的应用为记忆能力的发展和培养开辟了新途径。以编程课程为例，目前使用技术手段，如"教育机器人"，基于社会文化理论和建构主义学习理论，通过动手实验将抽象的概念转化为可操作的实践，这有助于提升儿童的问题解决能力，增强其认知灵活性。

学龄前儿童的执行功能和工作记忆也能通过与计算机设备相关的强化训练得到提升。Di Lieto等开展的一项研究中，5~6岁儿童经过6周的蜜蜂机器人编程课程训练（见图2-3），其编程能力、视觉空间工作记忆以及反应抑制等执行功能有了显著提升[24]。基于这一研究，后续研究以一年级学生为对象，让他们在Code.org平台上学习编程，结果表

明，学生的编程能力和执行功能得到了显著发展，工作记忆能力得到提高[25]。在学习编程后，儿童在工作记忆和抑制技能方面均有显著增强，这可能是因为教育机器人逐步提出更复杂、更密集的任务，要求儿童对机器人的每一步动作进行编程，儿童通过心理预测选择恰当的机器人指令，并不断更新编程策略以达成目标。这一认知过程的良性循环可能有助于加强计划、抑制和工作记忆等执行功能。

图 2-3　运用机器人进行教学

2.7　教育案例和分析

随着科技的发展，越来越多的教育工具被应用于辅助记忆策略。机器人可以作为一个互动伙伴，提供个性化的学习支持，帮助学生在认知训练中取得更好的成绩。它们可通过监测和及时反馈学生的情绪状态，减少焦虑对学生记忆的负面影响。此外，机器人还可以跨越社会经济障碍，为不同背景的学生提供平等的学习机会。例如，可视化编程机器人［如 Lego（乐高）机器人］为儿童提供了实际应用场景，不仅提高了儿童对编程的兴趣，还培养了其算法推理、问题解决和交流合作等高阶思维技能[26]。近几年的研究发现，机器人编程对儿童的工作记忆能力的发展具有积极作用，尤其是低年级儿童，他们正处于认知能力快速发展期，接触机器人编程对其发展尤为有益[27]。

2.7.1　教学设计

【主题】基于机器人编程的数学课。

【教具】麦昆（Maqueen）机器人（见图 1）、micro:bit 主板，USB 数据线。在执行机器人编程任务时，学生首先在电脑上编写程序，然后将程序传输到主板，最后通过麦昆机器人执行指令。

【教学平台】青少年编程平台——Mind+ 平台。该平台支持各种主流主控板和开源硬件，并提供图形化编程功能。

（a）

（b）

图1 麦昆机器人及其操作

【课程内容】

第一节课是入门课，旨在让学生熟悉麦昆机器人和Mind+平台上的基本操作，而不涉及数学知识。在这节课上，老师首先介绍麦昆机器人和Mind+平台的使用方法，然后让两组学生执行相同的编程任务——让麦昆机器人按照简单的行动指令进行移动，这一任务仅使用基础的编程指令块。

在第二到第八节课中，实验组和控制组虽然学习相同的数学知识，但教学方法有所不同。控制组采用传统的教学方式，老师通过PPT、黑板、口头问答等形式向学生传授数学知识。实验组将数学知识融入机器人编程任务，让学生通过操作机器人来学习数学，通过动手操作参与数学学习的认知过程，从而加深学生对数学概念的理解。例如，在第二节课中，实验组和控制组数学内容教学设计对比见图2。

除第一节课以外，在其他几节课中实验组与控制组各自的机器人编程任务不一样。在接下来的七节课里，实验组将数学知识融入机器人编程任务，教学活动围绕编程任务进行。而控制组将数学知识教学与机器人编程任务分开，第一部分是进行传统数学知识教学，第二部分是进行与本节课数学知识不直接相关的机器人编程活动。

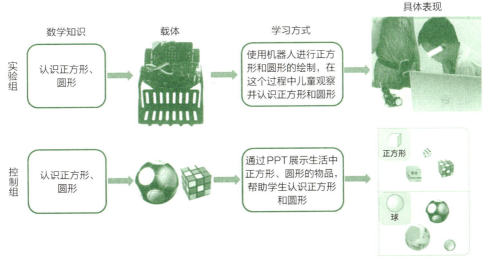

图2 实验组和控制组数学内容教学设计对比

2.7.2 教学效果

研究结果显示，在基于机器人编程的数学课堂中，学生在空间工作记忆方面表现更佳。这一结果可从三方面解释。第一，具身认知理论认为，儿童身体参与认知过程可以加强记忆痕迹、减轻认知负担，有助于加深对知识的理解[28]。研究者通过让儿童执行结合运算知识的编程任务，将儿童大脑中的运算过程通过机器人显现出来，帮助儿童理解算术，提升他们的计算能力。而空间工作记忆能力被认为是儿童计算能力的核心[29]，因此空间工作记忆能力也随之得到了提升。第二，编程与数学学习可以激活与空间记忆相关的脑区。以往研究表明，编程能力和数学能力都与大脑的左半球有关。儿童通过给机器人编程训练了编程能力，而这些编程能力与空间工作记忆能力对应的脑区相近。第三，基于机器人编程的数学学习中涉及工作记忆的内容。有研究指出，在数学学习过程中常常用到空间工作记忆能力，例如儿童在认识图形时会对图形进行存储加工，这时就会用到空间工作记忆能力。儿童在数学学习中不断调用空间工作记忆有助于这种能力的提升。

2.8　总结与反思

记忆是过去经历的事物在大脑中留下的痕迹，对个体的学习和生活起着重要作用。基于此，本章主要围绕记忆，系统地梳理了从基础研究到实践研究的脉络，并进一步探讨了如何将记忆策略应用于教育实践。

2.8.1　本章总结

（1）记忆是大脑中积累和保存个体经验的心理过程。从信息加工的角度来看，记忆可以被理解为大脑对外界输入信息进行编码、存储和提取的过程。

（2）根据信息加工的过程，记忆可以分为感觉记忆、短时记忆和长时记忆。根据记忆是否与先前经历信息相关，记忆可以分为外显记忆和内隐记忆。

（3）学习事件首先在新皮质（例如视觉皮质）中被编码，然后被传递到内侧颞叶，内侧颞叶与新皮质的协同激活标志着记忆痕迹的初步形成。随后，这些暂时的记忆痕迹通过快速的突触巩固和缓慢的系统巩固，在大脑的特定区域得到加强，最终形成长期记忆。

（4）内侧颞叶是长时记忆的重要脑区。海马是内侧颞叶中的一个关键结构，对于形成和检索事件的不同方面的表征，即整合表征至关重要。前额叶皮质与工作记忆和执行功能有关，在支持丰富记忆表征的过程中有重要作用。杏仁核是处理情绪记忆的区域，特别是与恐惧和奖励有关的记忆。

（5）随着年龄的增长，人的认知和神经发生变化，感知、处理速度、工作记忆和受控注意力会下降，这些会对事件的编码方式产生负面影响，从而影响记忆力。

（6）家庭社会经济地位、焦虑、睡眠情况等因素会影响个体记忆的发展。

（7）认知训练、合作学习、体育锻炼、融入技术等都能够有效提高儿童记忆力。

（8）在学校教学中，教师可以使用教育机器人，通过动手实验，将抽象概念转化为具体的、可验证的操作，促进儿童发展解决问题的能力，提高儿童记忆力。

2.8.2 反思内容

（1）不同类型的记忆如何影响学习过程？

（2）海马、前额叶等关键脑区在记忆过程中如何发挥作用？

（3）根据工作记忆和情景记忆的发展特点，思考不同年龄段应该采用怎样的教学策略。

（4）家庭环境和个体差异如何塑造个体的记忆能力？

（5）在早期教育中，哪些策略能有效提升儿童的记忆力？

（6）在当前技术环境下，如何设计和实施以教育机器人为中心的教学活动，以促进学生记忆能力的发展？

2.9 推荐阅读

[1] 斯劳尼克.记忆的秘密——认知神经科学的解释[M].欣枚，译.北京：知识产权出版社，2019.

[2] 杨治良，孙连荣，唐菁华.记忆心理学[M].上海：华东师范大学出版社，2012.

[3] 赵敏芳.认知神经科学视角下的有效学习与记忆[M].徐州：中国矿业大学出版社，2023.

[4] Geng F，Botdorf M，Riggins T. How behavior shapes the brain and the brain shapes behavior：insights from memory development[J].Journal of Neuroscience，2021，41（5）：981-990.

[5] Riggins T，Geng F，Botdorf M，et al. Protracted hippocampal development is associated with age-related improvements in memory during early childhood[J]. Neuroimage，2018，174（0）：127-137.

2.10 参考文献

[1] Squire L R，Wixted J T. The cognitive neuroscience of human memory since H.M.[J]. Annual Review of Neuroscience，2011，34（1）：259-288.

[2] Cowan N，Naveh-Benjamin M，Kilb A，et al. Life-span development of visual working memory：when is feature binding difficult?[J]. Developmental Psychology，2006，42（6）：1089-1102.

[3] Scoville W B，Milner B. Loss of recent memory after bilateral hippocampal lesions[J]. Journal of neurology，neurosurgery，and psychiatry，1957，20（1）：11.

[4] Peverill M，McLaughlin K A，Finn A S，et al. Working memory filtering continues to develop into late

adolescence[J]. Developmental Cognitive Neuroscience，2016，18：78-88.

[5] Richmond J，Nelson C A.Relational memory during infancy：evidence from eye tracking[J]. Developmental Science，2009，12（4）：549-556.

[6] Geng F，Botdorf M，Riggins T. How behavior shapes the brain and the brain shapes behavior：insights from memory development[J]. Journal of Neuroscience，2021，41（5）：981-990.

[7] Hansen M，Simon K R，He X，et al. Socioeconomic factors，sleep timing and duration，and amygdala resting-state functional connectivity in children[J]. Frontiers in Psychiatry，2024，15：1373546.

[8] Ku S，Werchan D M，Feng X，et al. Trajectories of maternal depressive symptoms from infancy through early childhood：the roles of perceived financial strain，social support，and intimate partner violence[J]. Development and Psychopathology，2024：1-14.

[9] Hao Y，Evans G W，Farah M J. Pessimistic cognitive biases mediate socioeconomic status and children's mental health problems[J]. Scientific Reports，2023，13（1）：5191.

[10] Rao H，Betancourt L，Giannetta J M，et al. Early parental care is important for hippocampal maturation：evidence from brain morphology in humans[J]. Neuroimage，2010，49（1）：1144-1150.

[11] Miller J G，Gluckman P D，Fortier M V，et al. Faster pace of hippocampal growth mediates the association between perinatal adversity and childhood depression[J]. Developmental Cognitive Neuroscience，2024，67：101392.

[12] Hanson J L，Chandra A，Wolfe B L，et al. Association between income and the hippocampus[J]. PLOS ONE，2011，6（5）：e18712.

[13] MacLcod C，Mathews A. Cognitive bias modification approaches to anxiety[J]. Annual review of clinical psychology，2012，8（1）：189-217.

[14] Herrera S，Montorio I，Cabrera I，et al. Memory bias for threatening information related to anxiety：An updated meta-analytic review[J]. Journal of Cognitive Psychology，2017，29（7）：832-854.

[15] Chu L，Shavit Y Z，Ram N，et al. Age-related emotional advantages in encountering novel situation in daily life[J]. Psychology and Aging，2024，39（2）：113-125.

[16] Daley R T，Bowen H J，Fields E C，et al. Individual differences in older adult frontal lobe function relate to memory and neural activity for self-relevant and emotional content[J]. Journals of Gerontology，Series B：Psychological Sciences and Social Sciences，2024，79（3）：1-9.

[17] Canli T，Yu L，Yu X，et al. Loneliness 5 years ante-mortem is associated with disease-related differential gene expression in postmortem dorsolateral prefrontal cortex[J]. Translational Psychiatry，2018，8（1）：2.

[18] Titone S，Samogin J，Peigneux P，et al. Frequency-dependent connectivity in large-scale resting-state brain networks during sleep[J]. European Journal of Neuroscience，2024，59（4）：686-702.

[19] Gobet F，Sala G. Cognitive training：a field in search of a phenomenon[J]. Perspectives on Psychological Science，2023，18（1）：125-141.

[20] van Ede F，De Lange F，Jensen O，et al. Orienting attention to an upcoming tactile event involves a

spatially and temporally specific modulation of sensorimotor alpha-and beta-band oscillations[J]. Journal of Neuroscience，2011，31（6）：2016-2024.

[21] Rajaram S，Pereira-Pasarin L P. Collaborative memory：cognitive research and theory[J]. Perspectives on Psychological Science，2010，5（6）：649-663.

[22] Vanlangendonck F，Takashima A，Willems R M，et al. Distinguishable memory retrieval networks for collaboratively and non-collaboratively learned information[J]. Neuropsychologia，2018，111（0）：123-132.

[23] Jeon Y K，Ha C H.The effect of exercise intensity on brain derived neurotrophic factor and memory in adolescents[J].Environmental Health and Preventive Medicine，2017，22（1）：27.

[24] Di Lieto M C，Inguaggiato E，Castro E，et al. Educational Robotics intervention on Executive Functions in preschool children：A pilot study[J]. Computers in Human Behavior，2017，71：16-23.

[25] Arfé B，Vardanega T，Ronconi L. The effects of coding on children's planning and inhibition skills[J]. Computers & Education，2020，148（C）：103807.

[26] Fessakis G，Gouli E，Mavroudi E. Problem solving by 5-6 years old kindergarten children in a computer programming environment：a case study[J].Computers & Education，2013，63（0）：87-97.

[27] Geng F，Canada K，Riggins T. Age-and performance-related differences in encoding during early childhood：insights from event-related potentials[J]. Memory，2018，26（3-4）：451-461.

[28] Tran C，Smith B，Buschkuehl M. Support of mathematical thinking through embodied cognition：Nondigital and digital approaches[J]. Cognitive Research：Principles and Implications，2017，2（1）：16.

[29] Reeve R，Reynolds F，Humberstone J，et al. Stability and change in markers of core numerical competencies[J]. Journal of Experimental Psychology：General，2012，141（4）：649-666.

第 3 章

大脑可塑性与注意的发展和培养

本章思维导图与关键问题 ▶ ▶

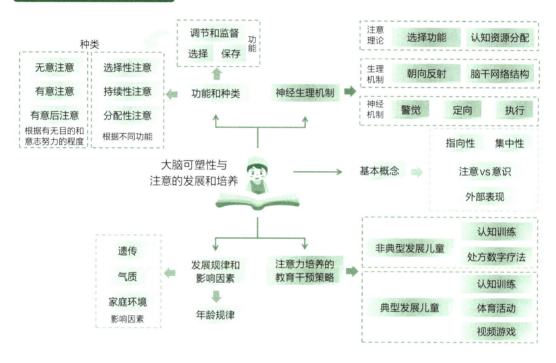

- 注意是什么？其与意识之间的区别和联系是怎样的？

- 注意有哪些类型？它们具体的功能分别是什么？

- 注意的理论有哪些？

- 注意的神经生理机制是什么？

- 注意发展的规律是什么？

- 个体注意的发展可能会受哪些因素的影响？

- 有哪些教育策略可以帮助学习者调节自己的注意？

3.1 注意的基本概念

3.1.1 什么是注意

注意（attention）是心理活动或意识对一定对象的指向和集中，是伴随感知觉、记忆、思维、想象等心理过程的一种共同的心理特征。注意具有指向性和集中性两个特点。

注意的指向性是指在一瞬间，人的心理活动或意识选择了某个对象，而忽略了另一个对象。例如，儿童去电影院看完卡通电影后，如果问他邻座的观众穿了什么颜色的衣服，他很可能回答不出来，因为儿童心理活动或意识选择了影片中的人物、情节，而忽视了邻座的观众。因此，注意的指向性是指心理活动或意识在某一方向上活动的特性。指向性不同，收到的外界信息也不相同。

注意的集中性是指当心理活动或意识指向某个对象的时候，它们会在这个对象上集中。例如，在公交车司机开车的过程中，司机的注意力高度集中于当前的交通状况，与驾车无关的人与事都会被排除在他的意识之外。如果说指向性是指心理活动或意识朝向某一对象的特性，那么，集中性就是指心理活动或意识在某一方向上活动的强度或紧张度。心理活动或意识的强度越大，注意力就越集中。

人在注意力高度集中时，注意指向的范围会缩小。这时候人对周围的一切就可能"视而不见，听而不闻"了。从这个意义上说，注意的指向性和集中性密不可分。

3.1.2 注意和意识

意识是一个非常复杂的概念，我们可以从三个方面来理解。意识是一种觉知，意味着观察者觉察到了某种现象或事物，觉察到内部状态，觉察到时间的延续性和空间的广延性；意识是一种高级的心理功能，意识对个体的身心系统起统合、管理和调控的作用；意识是一种心理状态，可以分为不同的层次，具有不同的水平。

注意和意识既有区别，也有联系。一方面，注意不等同于意识。注意决定了意识的内容。相对于意识而言，注意更活跃、更容易被控制。当人把注意放在某一具体的东西或行为上，或者把某一件东西"推"到自己的意识中心时，往往伴随一种无意识的过程。我们可以自觉地选择被关注的行为或者被关注的客体，但是，也会被外界因素所诱导，这是一种无意识的行为。

另一方面，注意和意识密不可分。当人处于注意状态时，意识内容较为清晰。人的意识状态在睡眠、觉醒和注意的过程中具有不同水平。睡眠为无意识状态，人在这一期间意识不到自己的活动或外部刺激，或者不能清晰意识到。从睡眠进入觉醒后，人开始意识到外界刺激和自己的活动，并能有意识地调节自己的行为。但即便处于觉醒状态，人也无法意识到所有刺激与事件，而只能关注其中一部分。注意所指向的内容一般是意

识的中心，因此对其意识较为清晰。

总之，在注意条件下，意识与心理活动指向并集中于特定的对象，从而使意识内容清晰明确，意识过程紧张有序，并使个体的行为活动受到意识的控制，而进入注意的具体过程则可能是无意识的。

3.1.3 注意的外部表现

注意是一种内部心理活动，可以通过人的外部行为表现出来。

一是适应性活动。例如，人在注视某个物体或者倾听某种声音时，他们的感觉器官常常会朝向注意的对象，以得到更加清晰的印象。

二是无关动作的减少或停止。当人们集中注意时，就会高度关注当前的活动对象，一些无关动作或起干扰作用的动作就会相应减少甚至停止。例如，观看一部精彩的电影时，人们可能会忘记周围的环境，所有无关的动作都会暂时停止。

三是呼吸节律的变化。一般而言，人的呼吸是轻缓均匀的，有一定的节律。但是当人在高度集中注意时，甚至会出现呼吸暂时停止的情况，即所谓的"屏息"现象。

此外，在注意紧张时还会出现心跳加速、牙关紧闭、握紧拳头等现象，所以可以根据一个人的外部表现来推断他的注意情况。但是，注意作为一种内部心理状态，它和外部行为表现之间并不总是一一对应的。例如，当人的视线落在某个物体上时，他的注意可能指向完全不同的物体。在课堂上，学生可能用眼睛盯住教师，装出一副认真听讲的样子，而实际上，他的注意全然不在教师讲课的内容上，而是指向与教学无关的其他事物。可见，只用注意的外部表现来说明一个人的注意状态，有时会得出错误的结论。

3.2 注意的功能和种类

3.2.1 注意的功能

注意的基本特性决定了注意的一些主要功能，这些功能表现在三个方面。

一是选择功能。选择重要的信息，并排除无关刺激的干扰，使人能够正常工作和生活，这是注意的基本功能，也是注意的首要功能。它确定了心理活动的方向，保证我们的生活和学习能够次序分明、有条不紊地进行。

二是保持功能。注意可以将选取的刺激信息保持在意识中，以便心理活动对其进行加工，完成相应的任务。如果选择的注意对象转瞬即逝，心理活动无法展开，我们也就无法进行正常的学习和工作。

三是调节和监督功能。注意可以提高活动的效率，这体现在它的调节和监督功能上。注意集中的情况下，错误减少，准确性和速度提高。一旦活动偏离了预定的方向或目标，人就会立即发现，并予以调整，以保证活动顺利完成。

3.2.2 注意的种类

根据不同功能，注意可以分为选择性注意、持续性注意和分配性注意。

选择性注意（selective attention）是个体在同时呈现两种或两种以上的刺激中选择一种进行注意，而忽略另外的刺激。例如，在双耳分听实验中，用耳机分别向被试的双耳呈现不同的声音刺激，要求被试注意其中一耳的刺激，而忽略另一耳的刺激。用这种方法可以研究选择性注意，揭示人们如何有效地选择一类刺激而忽略另一类刺激以及选择的具体过程等。

> **双耳分听实验**
>
> 在一项实验中，彻里（Cherry）向被试的两耳同时呈现两种材料，让被试大声追随其中一耳听到的材料，并检查被试从另一耳所获得的信息。前者称为追随耳，后者称为非追随耳。结果发现，被试从非追随耳得到的信息很少，当原来使用的英文材料改用法文或德文材料，或者将文本颠倒时，被试几乎不能发现。这个实验说明，从追随耳进入的信息，由于受到注意，因而得到进一步的加工和处理；而从非追随耳进入的信息，由于没有受到注意，因而没有被加工。
>
> 格雷（Gray）在一项实验中，通过耳机向被试两耳依次分别呈现一些字母音节和数字，左耳为ob、2、tive，右耳为6、jec、9。要求被试追随其中一耳听到的声音，并在刺激呈现之后进行报告。结果发现，被试报告的内容既不是ob、2、tive和6、jec、9，也不是ob、6、2、jec、tive、9，而是objective。格雷的实验证明，来自非追随耳的信息仍然受到了加工。

持续性注意（sustained attention）是指注意在一定时间内保持在某个客体或活动上，也被称为注意的稳定性。注意的持续性是衡量注意品质的一个重要指标。例如，低年级的小学生注意力集中的时间大约为20分钟，在上课时，学生尽可能将自己的注意力集中于教学内容上；外科医生在连续几小时的手术中聚精会神地工作……这些都是持续性注意的表现。持续性注意通常用警戒作业来测量。这种作业要求被测者在一段时间内持续地完成某项工作，并用工作绩效作为指标。

分配性注意（divided attention）是个体在同一时间对两种或两种以上的刺激进行注意，或将注意分配到不同的活动中。例如，大学生在操场上一边慢跑，一边听音乐；歌剧演员在演唱歌曲的同时，还能够进行肢体表演。注意是建立在同时进行的几种活动的熟练程度或自动化程度的基础之上的。如果人们对这几种活动都比较熟悉，其中有的活动接近于可自动地进行，那么注意的分配就较容易；相反，如果人们对要分配注意的几种活动都不熟悉，或者这些活动都较复杂，那么分配注意就比较困难了。另外，注意的分配也和同时进行的几种活动的性质有关。一般来说，把注意同时分配在几种动作技能

上比较容易，而把注意同时分配在几种智力活动上就难多了。

根据有无目的和意志努力的程度，注意还可以分为无意注意、有意注意、有意后注意。

无意注意是没有预定目的、无须意志努力、不由自主地对一定事物所发生的注意。无意注意自觉性较差，保持时间较短，但人在无意注意状态下消耗精力少，不容易疲劳。无意注意主要是由周围环境的变化引起的。当周围环境中出现了某种新异的刺激物时，人就自然地把注意指向这种刺激物，并试图认识它。例如，在安静的教室里，突然一个同学的铅笔盒掉在地上，大家就会不由自主地向他望去。刺激物的强度对于引起无意注意具有重大作用。强烈的刺激物，如强烈的光线、巨大的声响、浓郁的气味等，都容易引起无意注意。

有意注意是有预先目的，需要意志努力的注意。有意注意事先有预定目的，自觉性较好，保持时间较长，但人在有意注意状态下消耗精力多，很容易因疲劳导致注意分散。

有意后注意是事先有预定目的，但不需要付出意志努力的注意。有意后注意是心理活动对个体认为有意义或有价值的对象的指向与集中，是在一定的条件下由有意注意转化而来的。它的形成有两个条件：一是要对活动有浓厚的兴趣；二是活动自动化。有意后注意是一种高级的注意，具有高度的稳定性，是人类从事创造性活动的必要条件。有意后注意先有预定目的，自觉性较好，保持时间较长。人在有意后注意状态下消耗精力较少，不容易疲劳，工作效率高。

无意注意、有意注意和有意后注意在实践活动中是紧密联系的。有意注意可以发展为有意后注意，而无意注意在一定条件下也可以转化为有意注意。例如，在单词学习中，无意注意是你在浏览单词表时眼睛扫到某一个单词；但当你决定记住这个单词时，无意注意就转为有意注意；随着学习的深入，单词逐渐进入你的长期记忆，有意注意发展为有意后注意，有意后注意使你在未来不自觉地回忆起这个单词，甚至自动识别和使用它。

3.3　注意的理论及神经生理机制

3.3.1　注意的理论

1. 注意的选择功能

1）过滤器理论

英国心理学家布罗德本特（Broadbent）根据双耳分听的一系列实验结果，于1958年提出了解释注意的选择功能的一种理论——过滤器理论（filter theory）。该理论认为神经系统在加工信息的容量方面是有限的，不可能对所有的感觉刺激进行加工。信息在通过各种感觉通道进入神经系统时，要先经过一个过滤机制。只有一部分信息可以通过这个机制，并接受进一步的加工；而其他的信息就被完全阻隔在它的外面了。

2）衰减理论

过滤器理论得到了某些实验事实的支持，但人们进一步研究发现，该理论并不完善。基于日常生活观察和实验研究的结果，特瑞斯曼（Treisman）在1964年提出了衰减理论（attenuation theory）。该理论主张，当信息通过过滤装置时，不被注意或非追随的信息只是在强度上减弱了，而不是完全消失。而且不同刺激的激活阈限是不同的。有些刺激对人有重要意义，如自己的名字、火警信号等，它们的激活阈限低，容易被激活。当它们出现在非追随的通道时，容易被人们接受。

> ### 鸡尾酒会效应
>
> 想象你在一个嘈杂的社交场合中，当你和一人或多人交谈时，听到身后有人提到你的名字。在你的名字被说出来之前，他在说什么你没"听见"，而提到你名字的声音却似乎总能抵达你的耳朵，攫取你的注意。
>
> 这就是著名的"鸡尾酒会效应"（cocktail party effect）：人们在嘈杂的环境中，能够集中注意力听到自己感兴趣的声音或信息。在鸡尾酒会效应的情境下，尽管周围有很多干扰声音和谈话（如其他人的对话、背景噪声等），但你能够迅速注意到带有自己名字的声音或有意义的内容。根据衰减理论，这些干扰信息没有完全被过滤，它们只是在强度上减弱了，但重要的信息（如你的名字）能够突破这种"衰减"，引起你的注意。

3）后期选择理论

后期选择理论认为，所有输入的信息在进入过滤或衰减装置之前已被充分分析，然后才进入过滤或衰减装置。因而对信息的选择发生在加工后期的反应阶段。

图3-1对三种注意理论进行了比较。

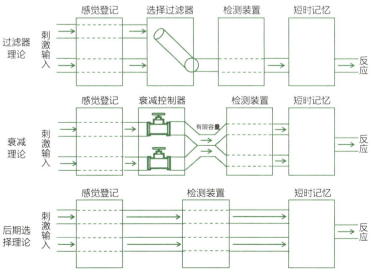

图 3-1　三种注意理论的比较

4）多阶段选择理论

过滤器理论、衰减理论和后期选择理论都假设注意的选择过程发生在信息加工的某个特定阶段上，这意味着信息加工系统是非常刻板的。约翰斯顿（Johnston）等提出了多阶段选择理论，认为选择过程在不同的加工阶段都有可能发生[1]。

2. 注意与认知资源分配

1）认知资源理论

不同的认知活动对注意有不同的需求。例如，平时你能轻松地听着自己喜欢的音乐，处理那些不需要高度集中注意力的整理文件任务。但当你做需要复杂推理和分析的任务时，你会发现，如果音乐的节奏太快或者歌词太吸引注意，你可能会不自觉地分心，无法全神贯注。认知资源（cognitive resource）理论从不同的认知任务或认知活动如何协调的角度来理解注意。它把注意看成对刺激进行归类和识别的认知资源或认知能力。对刺激的识别需要占用认知资源，刺激或加工任务越复杂，占用的认知资源就越多。认知资源是有限的，当认知资源完全被占用时，新的刺激将得不到加工（未被注意）。以学习为例，在一堂课上如果有太多让学生感到记忆和理解困难的知识点，学生就会选择性注意知识点，或者弃旧换新。如同电脑的磁盘，平时存储了许多资料，当需要存入其他东西时，我们会将以前用过的资料删掉。

2）双加工理论

在注意的认知资源理论的基础上，谢夫林（Shiffrin）和施耐德（Schneider）在1977年进一步提出了双加工理论。该理论指出，人类的认知加工有两类：自动化加工（automatic processing）和受意识控制的加工（controlled processing）。其中自动化加工不受认知资源的限制，不需要调用个体的注意，是自动进行的。例如，走路、吃饭等都是自动化加工的行为。这些加工过程由适当的刺激引发，发生比较快，也不影响其他的认知加工过程。在行为习得或形成之后，其加工过程比较难改变。而受意识控制的加工会受到认知资源的限制，需要调用注意资源。受意识控制的加工可以随环境的变化不断地进行调整。

人们通过大量的训练后受意识控制的加工可转变为自动化加工行为。例如，初学骑自行车时，需要注意力高度集中，两只手紧握把手，努力保持平衡，紧盯前方，此时骑自行车是受意识控制的加工。而经过不断练习后，我们可以适当放松，在保证安全的前提下，能够欣赏风景。这是因为当我们熟练掌握这一技能后，它就不需要占用太多的注意资源了。这时，骑自行车已经转变为自动化加工。个体通常能够同时进行几种活动，例如，可以一边骑自行车一边欣赏路边的风景，可以一边看电视一边吃零食等。在这些同时发生的行为中，其中一项或几项（骑自行车、吃零食等）已变成自动化的过程，不需要消耗很多认知资源，个体可以将大部分注意资源投放到还未实现的自动化的认知活动中。

斯特鲁普效应

请尽可能快而正确地读出图 3-2 中所有的字的颜色。这张图片上字的颜色读起来是不是很轻松？

红 橙 绿
蓝 紫 黑

图 3-2 读颜色（一）

图 3-2 的彩图

读图 3-3 中字的颜色是不是明显变慢了？

红 橙 黄
青 蓝 紫

图 3-3 读颜色（二）

图 3-3 的彩图

当我们的大脑同时要处理文字的意思和文字的颜色两种信息时，两者会互相干扰，从而减慢大脑的反应速度，这就是斯特鲁普效应（Stroop effect）。

斯特鲁普效应的其中一个解释是，当我们看到字词时，通常会自动处理字词的意义，这是自动化加工。但是，在斯特鲁普效应中，任务要求我们忽视字的意义，而专注于字的颜色。这种需要抑制自动反应的任务要求我们更多地依赖受意识控制的加工，从而导致认知负担增加，反应变慢。

3.3.2 注意的神经生理机制

1. 注意的生理机制

1）朝向反射

朝向反射（orienting reflex）是一种复杂且特殊的反应，由情境的新异性触发。这种反射是注意最基本的生理机制，人和动物都具有此反射能力。1927 年，巴甫洛夫（Pavlov）首次提出了朝向反射的概念。其特点包括一系列身体反应，例如将感官转向刺激源，四肢血管收缩而头部血管舒张、心率降低，呼吸短暂停止后深呼吸、瞳孔扩张等。这些变化有助于增强感官敏感性，并调动全身能量资源以应对当前任务，如实现目标或逃避威胁。

朝向反射由新奇的刺激触发。当个体适应这种刺激，这种刺激失去新奇性时，朝向反射不再发生。索科洛夫（Sokolov）在研究中指出，朝向反射涉及多个脑结构，是一个复杂的功能系统。其核心特征是新奇刺激模式与神经系统的活动模式不匹配，这是该反应的生理基础。具体来说，在重复接受刺激的过程中，脑中形成了一种与该刺激相关的

神经元模型。这一机制发生在对刺激信息反应的神经元中，涉及将传入的感觉信息与中间神经元存储的先前刺激模型进行比较。如果两个模式完全匹配，则神经元不再响应；如果不匹配，则神经元从不反应状态转变为反应状态。

以学生自习为例，当一个人突然进入教室时，多数学生会本能地转向这个刚进入的"新奇刺激"。一旦他们意识到这是老师，并在一段时间后适应了他的存在，即使老师在教室内走动，学生也会逐渐对此视而不见。这一现象对课堂教学有重要启示。教师应当定期引入新异元素，如偶尔播放音乐或改变教学模式，以维持学生对新异刺激的敏感度，帮助他们集中注意力。

2）脑干网状结构

脑干网状结构是一种从脊髓上端延伸至丘脑的广泛神经网络（见图3-4），涵盖了脑干内部功能明确的神经细胞核团和神经纤维束。此外，从脊髓到丘脑底部，神经细胞和神经纤维交错形成网状结构，覆盖脑干的大部分区域。网状结构的神经细胞大小不一，形态复杂，具有较长的轴突和多个侧枝。这样的结构使得单个神经元能与周围多个神经元形成突触连接，从而一旦某处受到刺激，便能引发周围细胞的广泛兴奋。

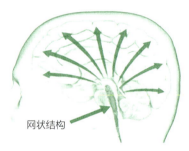

网状结构

图3-4 脑干网状结构

网状结构虽然不直接传递环境中的特定信息，但它在维持大脑的一般活动水平和确保大脑有效处理特定信号方面发挥着关键作用。脑干的网状结构通过其上行投射系统，帮助大脑保持觉醒状态。这一系统接收来自身体和内脏的多种传入刺激，并通过感觉通路的侧枝进入网状结构。网状结构随后将这些特异性感觉转化为非特异性信息，并投射至大脑皮质。这一过程不仅能维持大脑基本的兴奋和觉醒水平，还能提高大脑对各类信息的感知能力，并普遍增强皮质功能。

2. 注意的神经机制

美国心理学家波斯纳（Posner）和彼得森（Petersen）提出注意并非由单一的神经系统控制，而是由三个具有不同神经结构和功能的子系统控制，即警觉（alerting）、定向（orienting）和执行（executive）系统（见图3-5）[2]。

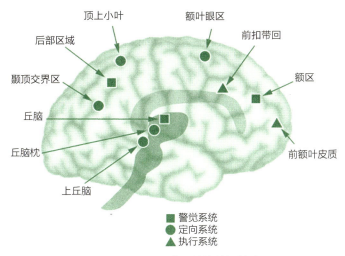

图 3-5 三个注意系统的神经基础

警觉指的是一种持续地注意、觉醒的状态，一种对即将出现的刺激进行反应的准备状态。警觉注意有两种，一种是位相性警觉（phasic alerting），另一种是固有警觉（tonic alerting）。位相性警觉是指由外部警觉信号引起的一种反应准备，主要受自下而上的刺激驱动的影响。固有警觉指一种持续的、无特定目标的警觉状态，主要受到内在动机的驱动和自上而下的控制。警觉系统的神经基础是脑干和丘脑的注意调节系统。脑成像研究表明，位相性警觉和固有警觉均激活了大脑右半球和丘脑的特定区域，然而也有研究表明警告信号效应（位相性警觉）主要由大脑左半球调节。同时，人体内的神经递质在调节警觉注意方面也有作用，胍法辛和盐酸可乐定等药物会减少去甲肾上腺素的释放，从而减弱警告信号。

定向系统则负责将注意力集中在潜在目标的位置，筛选从各种感觉器官输入的信息，选择与当前活动相关或有意义的信息，最终专注于某个实体或目标。这个过程与之前提到的选择性注意类似。定向注意系统由负责自上而下控制加工的背侧系统和自下而上自动加工的颞侧系统两部分组成。背侧系统主要包括顶叶的区域，如顶内沟和顶上小叶，以及额叶眼区；颞侧系统则涉及颞顶交界区和丘脑枕区域。

执行系统负责处理由多种刺激引发的冲突，调节复杂认知任务，并对目标导向行为进行灵活调控。其神经基础主要包括前扣带回和前额叶皮质。这些区域共同负责冲突监控、任务切换以及抑制无关信息的干扰。

3.4 注意发展的规律和影响因素

3.4.1 注意发展的规律

哈佛大学心理学教授发现，控制注意力的大脑区域是前额叶皮质。这部分区域主要

负责逻辑思考、短期记忆储存以及抑制原始冲动。就注意力而言，它与神经系统的发育密切相关，注意力的集中时间会随着年龄的增长而延长。

心理学家通过观察和研究不同年龄段人群的注意力集中时长，得出了关于注意力发展的一些具体数据（见表3-1）。

表3-1　不同年龄个体注意力的集中时间

年龄	注意力集中时间
0~1 岁	几秒到 1 分钟
1~2 岁	2~3 分钟
2~12 岁	5~20 分钟
12~18 岁	20~30 分钟
18~65 岁	30~45 分钟
65 岁及以上	20~30 分钟

婴儿期（0~1岁）：婴儿的注意主要通过视觉、听觉和触觉对外界刺激做出反应。此阶段的注意力集中时间通常只有几秒到 1 分钟，婴儿特别容易被新奇、强烈的刺激（如移动的物体、鲜艳的颜色或新异的声音等）吸引。注意具有反射性和被动性，更多依赖自下而上的感知驱动，而非有意的选择性注意。这种短暂而敏感的注意特征有助于婴儿快速适应环境并促进早期学习。

幼儿早期（1~2岁）：随着年龄增长，幼儿的注意力集中时间有所增加，但仍然较短，一般为 2~3 分钟，且幼儿容易受环境中的新刺激干扰。此阶段幼儿开始对目标物体（如玩具或图片）表现出较长时间的关注，但仍需要与父母的互动或环境的支持来维持注意力。在神经基础上，幼儿早期的大脑前额叶皮质（与执行功能和有意注意相关）快速发育，但尚未成熟。因此，这一阶段的注意更多受到情感驱动，例如对亲人面孔的关注，以及探索外界环境的内在动机。

儿童期（2~12岁）：儿童的注意力集中时间随着年龄增长而显著延长，但这一发展过程因个体差异和任务类型而有所不同。2~5 岁的儿童注意力集中时间相对较短，通常为 5~10 分钟。这一阶段的儿童对任务的专注度较低，尤其是没有明确目标的活动，注意力容易因外界干扰而分散。6~12 岁的儿童随着认知能力的提升，注意力集中时间逐渐延长，通常可达 10~20 分钟。小学阶段的孩子在有趣或互动性强的任务中表现更好，能够在游戏、阅读等活动中保持更长时间的注意力。教育实践也表明，小学课堂活动常设计为 10~20 分钟的单元，以适应儿童的注意力发展水平。儿童期注意力的发展与大脑执行功能的逐步成熟密切相关，特别是涉及任务控制和信息筛选的神经通路（如前额叶皮质与额顶叶网络）的发育。

青少年期（12~18岁）：青少年的注意力集中时间进一步提高，通常可达 20~30 分钟，特别是在复杂任务（如学习、阅读）中表现更优。前额叶皮质在青少年期逐步发育，执行功能（如注意力维持、自我调节能力）显著增强，使青少年在目标明确的任务中表现出更高的专注度，但这一阶段的注意力也容易受到社交媒体或其他娱乐活动的干扰。

成年期（18~65 岁）：成年期是注意力发展的高峰期。成人的注意力集中时间通常为30~45 分钟，具体取决于个人对任务的感兴趣程度和任务本身的复杂性。在无干扰的条件下，成年人可以长时间专注于高认知负荷的任务（如编程、写作），并通过任务分解、定时休息等策略进一步延长专注时间。成年人的执行功能系统（特别是前额叶皮质）已完全成熟，使他们在多任务处理和干扰管理方面表现优异。然而，任务类型和工作环境仍会显著影响注意力水平。相较于被动任务，成年人在参与感和主动性较高的任务中表现更好。

老年期（65 岁以上）：老年人的注意力集中时间通常为 20~30 分钟，可能因认知功能的下降而有所减少。在简单任务中，注意力维持相对较好，但在复杂任务或需要多任务处理时可能出现困难。此外，疲劳、健康状况和感官功能衰退对注意力也有显著影响。例如，听力或视力的下降会干扰老年人对外界信息的关注。尽管如此，健康的生活方式、认知训练和规律的社交活动可以在一定程度上延缓注意力能力的衰退。

3.4.2 注意发展的影响因素

注意发展的影响因素主要包括遗传、气质和家庭环境。

1. 遗传

孩子的注意力问题与遗传因素有显著关联。产生这种关系的部分原因是遗传因素可能导致儿童大脑结构和功能的发展不平衡。例如，注意缺陷多动障碍（attention deficit hyperactivity disorder，ADHD）是一种高度遗传性神经发育障碍，主要特征包括持续的注意力不集中、过度活跃和冲动行为等。研究表明，儿童注意力问题具有家族性和遗传倾向，指出遗传因素在影响大脑功能方面起着关键作用。此外，胎儿发育期间的不良环境因素，如孕妇若吸烟或饮酒，可能导致孩子出现注意力问题。

2. 气质

注意的发展还与气质有关。气质是人最典型、最稳定的一种个性心理特征，可以分为胆汁质（兴奋型）、多血质（活泼型）、黏液质（安静型）和抑郁质（抑郁型）四种类型。多数人是介于各类型之间的中间类型，即混合型，如胆汁-多血质，多血-黏液质等。不同气质类型的学生的注意力品质存在差别。在注意广度、注意分配、注意转移三项品质上，多血质和胆汁质的学生都表现出明显的优势，即注意广度大、注意分配值高、注意转移快[3]。

相关分析表明，注意广度、注意分配、注意转移与气质的内外倾向性维度有关。多血质和胆汁质的学生在注意力品质上表现出明显优势的原因可能有两点：首先，多血质和

胆汁质在气质的维度上是倾外向的，而具有外向气质特点的人活泼好动，社交范围广，接触新鲜事物多，所以动手机会多，受锻炼的机会多。而注意分配和注意广度是可以在操作熟练的基础上或经过训练提高的。黄常新等认为，注意分配会影响操作水平，那么反过来，一个人动手能力强，操作熟练，也会影响分配水平，这是互为因果的[4]。其次，从高级神经活动类型来看，多血质和胆汁质都属于兴奋强型，唤起水平高，他们容易建立阳性条件反射，迅速地接受一个反应，因而表现为转移快且分配能力强。

3. 家庭环境

家庭作为孩子首要的生活和学习场所，是孩子成长的港湾。良好的家庭经济情况与和谐的家庭氛围对孩子的注意发展起着非常重要的影响。

家庭社会经济地位显著影响儿童的注意发展，主要表现为贫困儿童在注意力测试中的准确性和反应速度均不及非贫困儿童，且这种差异在神经加工层面有所体现。Mezzacappa以4~7岁儿童为被试，使用儿童注意力网络测试发现，贫困儿童在准确性和反应速度方面都差于非贫困儿童。在持续注意的任务中，贫困儿童更难以忽视干扰因素，这表明他们过滤分散注意力信息和管理反应冲突的能力可能已受损，且这种注意力上的困境至少会延续至青少年阶段[5]。此外，Hackman和Farah在一项对3~8岁高、低家庭社会经济地位儿童的选择性注意的研究中，通过双耳分听实验发现高家庭社会经济地位和低家庭社会经济地位的个体，在认知加工过程中在特定的神经系统上表现不同，研究结果显示相对于高家庭社会经济地位儿童，低家庭社会经济地位儿童在神经加工上表现出较差的选择性注意[6]。

和谐的家庭氛围有助于儿童注意力的集中，而家庭暴力会对儿童注意力偏向产生影响。婴儿期和幼儿期是大脑发育中神经元变化的关键时期。对于年幼的孩子来说，巨大的压力和暴露于家庭暴力会中断关键阶段的神经发育，并可能导致神经生物学的改变[7]。与此同时，父母的教养行为对个体的行为发展有直接的影响，当父母在养育孩子的过程中，对幼儿过度保护时，幼儿的注意力水平就会比较低。还有学者对注意缺陷多动障碍儿童的家庭环境特征进行分析，发现父母情绪糟糕或家庭环境不良会增加儿童产生注意缺陷多动障碍的风险。因此，家长与孩子的关系与孩子的注意力有着密不可分的联系，良好的亲子关系会让家长与孩子之间的亲密度上升，进而有利于孩子注意力品质的发展，促进孩子身心健康发展。

3.5 注意力培养的教育干预策略

3.5.1 针对非典型发展儿童的培养与干预

注意缺陷多动障碍的特征是持续的注意力不集中、多动或冲动。与正常发育的同龄人相比，患有ADHD的儿童在集中注意力、抑制冲动和调节行为等方面存在困难，进而影响他们在日常生活和社交中的表现。

在ADHD的治疗策略中，认知训练作为一种行之有效的干预手段被广泛应用。认知训练将大脑暴露于明确的学习任务中，由此来加强和发展基本的大脑网络和潜在的认知过程，进而促使个体在不同生活与学习情境中展现出更具适应性的行为模式。患有ADHD的儿童，在课堂上经常出现开小差、走动等情况，通过认知训练可以减少其问题行为。

具体训练方法：使用计分表，计分表横轴分为四个表现等级，分别是表现突出、优良、一般和较差。根据表现情况奖励三颗星、两颗星、一颗星和不予奖励。

主要计分内容有以下几项：下课主动和老师打招呼，课堂不随意离开座位，眼睛看老师，上课不做小动作，积极配合老师的训练等。

使用记分表的主要目的是强化正面积极的行为，从而增强孩子的行为自控能力。大多数研究表明，认知训练能够有效改善ADHD儿童和青少年的执行控制能力。

此外，处方数字疗法为治疗ADHD提供了新的思路。2020年6月，美国数字疗法公司Akili出品的处方电子游戏"EndeavorRx"成为首个先后通过CE认证和FDA认证的游戏产品。它可以经由移动端下载，为难以获得医疗资源的ADHD儿童提供远程治疗的机会。该游戏的原理是通过电脑算法衡量玩家的表现，并根据其表现实时变更游戏难度，让那些ADHD儿童经过训练后能更好地处理多个任务，提升注意水平。家长和医师的反馈报告中提到，它可以改善ADHD孩子注意力不集中的问题，也没有发现严重的副作用。该电子游戏能改变大脑的认知表现，家长和医师通过功能性脑电图不仅可以观测大脑在游戏干预下的变化，还可对干预方法进行调整。该游戏虽不能完全替代药物治疗或心理治疗，但可以提供一定程度的辅助。

案例分析

【基本情况】

小华（化名），男，5岁，幼儿园大班学生。能参加集体活动，但与同伴互动少。活动中不能遵守规则和纪律，易受环境干扰而分心，频繁地改变注意对象。在教室里不能静坐，常在座位上扭来扭去，甚至离开座位走动或擅自离开教室。自控能力弱，经常打同学、起哄和恶作剧。

【家庭背景】

小华与父母和爷爷奶奶在一起生活，父母都是农民，未接受过高等教育，文化程度不高。父母在家经常吵架，爸爸对小华较严厉，所以小华比较怕爸爸。家中成员间沟通少，在家小华基本上自己玩。

【问题分析】

初步分析表明小华有注意缺陷多动障碍。主要原因可能是：早期教育不当和家庭教育方面的矛盾冲突，一方面是经常陪伴他的爷爷奶奶的娇惯，另一方面是父亲的严厉管教甚至打骂。

【对策建议】

运用消退法予以矫正。对大喊大叫、活动中随意离开座位等行为，避免给予过度关注或强化，对静坐、倾听等良好行为给予正面强化（及时表扬、奖励玩具等）。

家校合作共同帮助孩子改变。日常生活中，父母的性格、爱好和教育观念等会影响孩子的注意力，需要家长以身作则，做好孩子的榜样。

善用精神鼓励巩固良好行为。在孩子初步建立良好行为的基础上，通过在集体中对孩子进行口头表扬和言语肯定的方法进行鼓励。在班级中创造一种氛围，通过同伴欣赏和集体舆论来强化和巩固注意力，从而减少其对物质奖励的依赖。在巩固幼儿良好行为的同时，对孩子多动障碍行为不予理睬，并明确地表态否定这些行为。

【实施效果】

通过近半年时间的坚持和努力，小华在注意保持上出现了不同程度的进步和发展。具体表现在教育活动中注意力集中的时间逐渐延长；喧闹、过度兴奋的情绪和行为相对减少；规则意识增强，影响活动纪律的行为相对减少；打同学的现象减少，可以和同伴合作完成任务，做事过程中注意力水平显著提升。

3.5.2　针对典型发展儿童的培养与干预

除了针对存在注意缺陷的儿童开展认知治疗，目前研究者正在探究提高正常个体注意力水平的教育实践与干预方式。

儿童和成人均可以进行注意力训练以提高注意力水平，目前常见的方式有认知训练、体育活动、视频游戏等。例如，在Rueda等人的研究中，实验组儿童在电脑上进行五天任务练习，具体包括使用操纵杆、预测、工作记忆和解决冲突等任务，对照组的儿童观看五天交互视频。结果发现，实验组的执行注意网络得到了更大的改善[8]。此外，还有研究表明儿童在接受注意力训练后，能够更有效地管理冲突，表现出更好的情绪和认知调节能力，这表明认知训练具有提升注意力和自我调节能力的潜力[9]。

目前有许多学者尝试探索课堂体育活动对个体注意力水平的影响。无论体育锻炼的干预是短期的还是长期的，都能够对注意力产生积极的影响。Alesi等人对24名儿童进行了为期6个月的足球训练，结果发现训练组儿童的注意力明显优于久坐组[10]。Budde等人将115名13~16岁的青少年分为实验组和对照组，实验组进行了10分钟的协调运动训练，对照组参加常规体育课。结果显示，虽然两个组的注意力均有所增强，但实验组的进步更加显著[11]。

此外，研究者还将注意理论应用于游戏化教学中，甚至创新性地开发能够提高学生注意力的游戏软件。基于美国国家航空航天局（NASA）训练宇航员神经认知的技术，美国Unique Logic and Technology（UL&T）公司开发了"Play Attention"系统来提升训练对象的执行能力。该系统包括注意力、运动控制、社交能力、短时记忆能力、冲动控制、手眼协调能力、视觉追踪、空间记忆以及其他认知技能训练。Play Attention中的游戏采用脑电波操控或臂环操控等方式代替常规的手动操作，可以帮助儿童提高专注力，同时提高认知技能和自我调节能力等。需要注意的是，游戏并不能改善注意的各个成分，它能够改善内源性控制，但无法改善外源性注意。视频游戏对注意的积极影响能够持续较长的时间，一些研究表明视频游戏训练的效果在训练结束后几个月甚至几年仍然可见，并且能够促进大脑结构的变化，如白质的变化。类似的注意力训练同样能够改善成人注意力。

挑战极限专注力

Play Attention是一套源自美国的专门用来训练专注力的教育产品，旨在帮助孩子提升注意能力。它主要解决5~18岁儿童和青少年的注意力不集中问题，通过科学有效的手段提升儿童和青少年的专注力。

Play Attention采用先进的臂环操控方法（见图3-6），臂环通过与皮肤的亲密接触来收集和检测脑电信号，然后将这些信号传送给脑波仪，脑波仪再反馈给电脑上的训练软件，让孩子通过意念控制游戏中的物体，从而锻炼他们的专注力。这种方法不需要手部操作，完全依靠孩子的意识，旨在教会孩子在开启一项任务后持续专注并快速地完成任务。如果孩子分神，游戏中的操作将会停止；而当他们保持注意力集中时，则可以继续操作并获得积分奖励。

图3-6 训练专注力

除此之外，自然暴露和正念等心理调节方式同样能提高注意力。Kaplan提出的注意力恢复理论指出，长时间的精神集中与认知活动易导致精神疲劳，自然暴露有助于恢复注意力[12]。Gamble等人的研究显示，相较于城市场景，暴露于自然场景的实验组在执行注意方面明显提升，这一发现强调了暴露于自然环境对注意力恢复的积极作用[13]。而正念作为一种心理训练方式，其核心在于对当前时刻的全面觉知，包括思维、情感及行为状态，它引导个体将注意力从过去或未来回到现在。许多研究表明，正念训练的益处不限于缓解疼痛与压力，更在于改善认知功能和促进积极情绪。Slagter等人针对"注意眨眼"现象的研究发现，正念训练有助于优化大脑资源分配[14]。"注意眨眼"是指在第一个目标出现后快速出现第二个目标时，人们无法检测到第二个目标的现象。在经过三个月的训练后，被试的注意眨眼减少，同时对第一个目标的大脑资源分配也减少了。这表明心理训练有利于提升大脑资源的分配效率，并改善执行注意力网络。

13分钟重聚专注

斯坦福大学著名的神经科学家安德鲁·休伯曼（Andrew Huberman）提出一种可以显著提高注意力的13分钟冥想法。只需坐下或躺下，将计时器时间定为13分钟，闭上眼睛，将注意力集中在呼吸上，同时将意识集中在前额内大约1英寸①的地方。

然而，关于冥想的所有研究都显示，除非你是一位非常有经验的冥想者，否则你的注意力会不自觉地从你的呼吸和当下的专注点飘走。这种情况可能每10秒、每20秒甚至每5秒就会发生一次。这种冥想练习的一个重要部分是需要不断地将注意力集中到特定的位置，重新专注于你的呼吸。

人们常常错误地认为，你在冥想时，你的思绪飘走了就是一种失败。但实际上并非如此。通过神经可塑性，你可以重新激活注意的神经回路，从而提高注意力，但其中重要的一环就是反复地从无专注或减少专注的状态回到专注的状态。可以将这个状态想象为在高速公路上开车，你需要保持车辆在车道线之间行驶，但车辆可能会有一些小的偏离，然后你会重新将车拉回中心。这就是专注冥想的真正含义，并不是期待自己始终保持专注。

如果你也有注意力无法集中的情况，不妨试试这个方法。

目前已有学校开展相关教育实践。Tools of the Mind（心灵工具）是美国的一套课程，是适合早教中心和幼儿园的一种创新教育方法，旨在通过综合的、富有想象力的学习体验来促进学生的全面发展。该方法深受心理学家和教育家列夫·维果斯基（Lev Vygotsky）关于儿童认知发展和社会文化理论的影响，强调儿童在社会互动和解决问题的过程中构建知识和发展能力。研究者发现，该方法能有效改善课堂质量、提升执行功能（用来管

---

① 1英寸 =2.54 厘米。

理和控制工作记忆、注意力、决策、抽象思考等其他认知过程）和促进语言发展。除此之外，家庭教育对于注意力的发展同样起着至关重要的作用。Siyahhan等人对比了两种形式的干预：一种主要侧重于儿童课堂培训，减少家长指导；另一种是侧重于家长指导的儿童注意力培训。结果表明，侧重于家长指导的培训显著提高了儿童的注意控制能力。因此，未来可以开发以改善注意能力为目标，儿童与成人一同玩耍的电脑游戏[15]。

3.6 教育案例和分析

由以上内容可知，目前已经有学者开展了提高个体注意力水平的教育实践，近期，研究者基于真实课堂，探究了在编程课程中融入认知控制策略对个体注意力水平的影响。下面对这项研究进行介绍。

认知控制可以调节注意状态。这种调节具有生理基础，具体来说，前额叶皮质作为大脑认知控制的相关区域，连接并调节了顶叶皮质等支持注意力的脑区。认知控制可以分为前摄性控制与反应性控制。在前摄性控制条件下，利用线索将注意提前导向与目标相关的信息，同时抑制与目标无关的信息，这有利于维持注意。相反，当反应性控制模式被激活时，注意资源的分配主要是由刺激所驱动的。Volkmer等人的研究表明，成年人可以持续控制他们的注意力以避免分心，6~10岁的儿童可以通过学习降低分心水平，但4~5岁的儿童显示出持续较高的分心水平[16]。这种年龄差异与认知控制的发展轨迹一致，表明随着儿童在5岁左右从反应性转向前摄性的控制模式，他们防止自己分心的能力会提高。

研究者将认知控制策略（即计划、监测和反思策略）融入编程课程，开展了一项实验研究以检验认知控制策略对儿童注意力的影响。

研究者招募了47名儿童。因为健康问题，本研究的最终有效被试共46名。实验班有24名儿童，其中男生14名，女生10名（平均年龄=5.25岁，标准差=0.44）。对照班有22名儿童，其中男生14名，女生8名（平均年龄=5.18岁，标准差=0.50）。本研究在实施前已获得幼儿园、家长和儿童的知情同意。对被试的人口学描述统计结果显示，性别（$\chi^2=0.136$，$p=0.713$）和年龄（$t=-0.487$，$p=0.628$）无显著的效应。

实验组和对照组均参加为期6周的编程课程，每周2次。编程课程使用玛塔机器人Matatalab（https://matatalab.com/zh-hans）进行教学。玛塔机器人由控制塔、编程板、编程块与机器人四部分构成，采用图像识别技术识别编程指令信息，通过蓝牙传输信息，控制机器人运动。研究者基于玛塔机器人设计了包含12节课的编码课程。前11节课中，每节课基于一张教学地图设置一个知识点，分别是基本功能（1节）、赋值（1节）、类型（1节）、条件（1节）、循环（2节）、分解（1节）、函数（2节）和算法（2节）。

编程课程每节课1小时，分为三个阶段（见图1）。第一阶段是教学阶段，教师先

复习前一节课的学习内容，再教授本节课的学习内容。第二阶段是小组活动阶段，两到三个孩子为一组合作解决编程问题。他们依次扮演管理宝箱的角色、提供帮助的角色和操作玛塔机器人的角色。第三阶段是总结阶段，教师总结本节课所学内容。

在每节课的前两个阶段，研究者仅将认知控制策略——计划、监测、反思融入实验组中（见图1）。在第一阶段，教师向实验组介绍课程的教学目标（计划策略）。此外，教师还示范如何在迷你地图上制订计划（计划策略）。迷你地图与真实地图，只是大小不同，其他都一样。鼓励实验组儿童使用记号笔和贴纸在迷你地图上制订计划。制作计划的过程可以帮助儿童建立明确的目标。

第二阶段开始时，只有实验组需要在迷你地图上制订计划（计划策略）。在制订计划后，助教会让每个小组讨论各自制订的计划，并最终达成一致。此后，每个小组成员轮流负责操作机器人、提供帮助和管理宝箱。实验组中，操作机器人和提供帮助的小朋友根据预先制订的计划选择合适的指令块。操作机器人的小朋友在控制板上发出正确的指令。管理宝箱的小朋友负责监测和反思摆放的指令是否错误并进行调试（监测和反思策略）。此外，每完成一个子任务，管理宝箱的小朋友需要在迷你地图相应位置做出标记。与实验组不同的是，对照组中操作机器人的小朋友和提供帮助的小朋友在选择指令块时没有预先制订的计划可供参考，管理宝箱的小朋友不需要监测每个动作，只需要在每个任务结束时贴上贴纸。

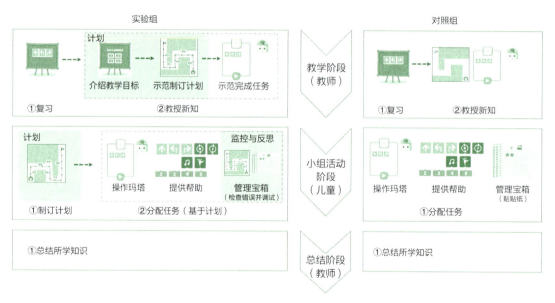

图 1　课程设计

研究者选择了第2节课、第6节课和第12节课的录像，每3秒对儿童的注意力状态进行编码。结果发现，认知控制策略使儿童更专注。这些发现与之前 Volkmer 等人的研究结果一致，即使用前摄性控制能够帮助个体保持注意力。本研究的对象年龄为5~6岁，他们正处于反应性控制转向前摄性控制的过程中，很难主动使用主动性控制。我们将计划、监测和反思等认知控制策略融入编程课程，促使儿童主动使用前摄性控制，进而提高他们的注意力水平。此外，随着课程的开展，学习内容更具挑战性。尽管以往研究表明，高认知负荷的任务下，个体的注意力会有所分散，但在本研究中，实验组相较对照组有更稳定的注意力状态。由此可见，在有较高认知负荷的情况下，认知控制策略的融入也可促使儿童优先考虑和选择与目标相关的任务，帮助儿童维持注意力。

3.7 总结与反思

3.7.1 本章总结

注意力对于个体的学习、工作和生活等方面起着至关重要的作用。本章主要围绕大脑可塑性与注意的发展和培养，梳理了注意的概念、种类、理论及神经生理机制，归纳了注意发展的规律及影响因素，并总结了注意力培养的教育干预策略。本章的核心内容总结如下：

（1）注意是心理活动或意识对一定对象的指向和集中。

（2）注意这一内部心理活动可以通过适应性活动、无关动作减少或停止、呼吸节律变化等外部行为表现出来。

（3）注意有多重功能：选择、保持、调节和监督。

（4）根据不同功能，注意可以分为选择性注意、持续性注意和分配性注意。根据有无目的和意志努力的程度，注意还可以分为无意注意、有意注意、有意后注意。

（5）注意的生理机制包括朝向反射、脑干网状结构等。朝向反射是由情境的新异性引起的一种复杂而又特殊的反射。脑干网状结构使大脑维持基本的兴奋水平和觉醒水平。

（6）注意并非由单一的神经系统控制，而是由三个具有不同神经结构和功能的子系统控制，即警觉系统、定向系统和执行系统。

（7）注意发展的年龄规律是从无意注意逐渐过渡到有意注意，并伴随着注意力的稳定性、分配能力以及控制能力的提升。

（8）遗传、气质和家庭环境等都会影响个体注意的发展。

（9）可以通过认知训练和处方数字疗法等方法治疗有注意缺陷多动障碍的儿童。

（10）儿童和成人均可以进行注意力训练以提高注意力水平，目前常见的方式有认知训练、体育活动和电脑游戏等。

3.7.2 反思内容

（1）如何用注意理论指导教学实践？

（2）注意发展的规律对教学实践有什么启发？

（3）除了遗传、气质和家庭环境，还有哪些因素会影响注意的发展？

（4）如何在教学活动中提升学生的注意力水平？

3.8 参考文献

[1] 彭聃龄.普通心理学[M].5版.北京：北京师范大学出版社，2019.

[2] Petersen S E, Posner M I. The attention system of the human brain: 20 years after[J]. Annual Review of Neuroscience, 2012, 35（1）: 73-89.

[3] 张曼华，杨凤池，周梅，等.气质与注意力品质关系的研究[J].中国行为医学科学，1999，8（4）：270-272.

[4] 黄常新，张其吉.人格维度与注意分配的关系及其选拔意义[J].心理学报，1993，（02）：148-154.

[5] Mezzacappa E. Alerting, orienting, and executive attention: Developmental properties and sociodemographic correlates in an epidemiological sample of young, urban children[J]. Child Development, 2004, 75（5）: 1373-1386.

[6] Hackman D A, Farah M J. Socioeconomic status and the developing brain[J]. Trends in Cognitive Sciences, 2009, 13（2）: 65-73.

[7] Mastorakos T, Scott K L. Attention biases and social-emotional development in preschool-aged children who have been exposed to domestic violence[J]. Child Abuse and Neglect, 2019, 89（0）: 78-86.

[8] Rueda M R, Fan J, Mccandliss B D, et al. Development of attentional networks in childhood[J]. Neuropsychologia, 2004, 42（8）: 1029-1040.

[9] Rueda M R, Posner M I, Rothbart M K. The development of executive attention: Contributions to the emergence of self-regulation[J]. Developmental Neuropsychology, 2005, 28（2）: 573-594.

[10] Alesi M, Bianco A, Luppina G, et al. Improving children's coordinative skills and executive functions: the effects of a football exercise program[J]. Perceptual and Motor Skills, 2016, 122（1）: 27-46.

[11] Budde H, Voelcker-Rehage C, Pietraßyk-Kendziorra S, et al. Acute coordinative exercise improves attentional performance in adolescents[J]. Neuroscience Letters, 2008, 441（2）: 219-223

[12] Kaplan S .The Restorative Benefits of Nature: Toward an Integrative Framework[J].Journal of Environmental Psychology, 1995, 15（3）: 169-182.

[13] Gamble K R, Howard J H, Howard D V. Not just scenery: viewing nature pictures improves executive attention in older adults[J]. Experimental Aging Research, 2014, 40（5）: 513-530.

[14] Slagter H A, Lutz A, Greischar L L, et al. Mental training affects distribution of limited brain resources[J]. Public Library of Science Biology, 2012, 5（6）: e138.

[15] Siyahhan S, Barab S A, Downton M P. using activity theory to understand intergenerational play: the case of family quest[J]. International Journal of Computer-Supported Collaborative Learning, 2010, 5（4）: 415-432.

[16] Volkmer S, Wetzel N, Widmann A, et al. Attentional control in middle childhood is highly dynamic-strong initial distraction is followed by advanced attention control[J]. Developmental Science, 2022, 25（6）: 1.

第 4 章

大脑可塑性与认知控制的发展和培养

本章思维导图与关键问题 ▶ ▶

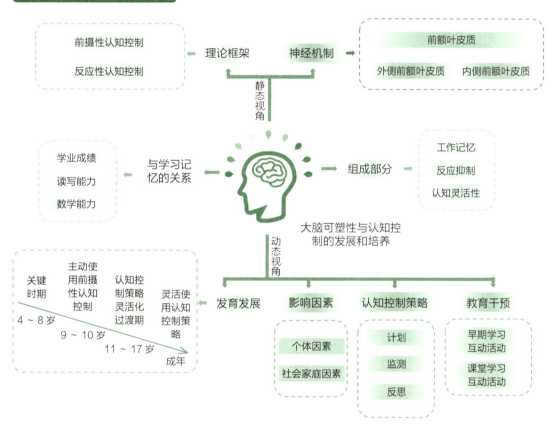

- 认知控制有哪几个组成部分？这些组成部分的作用是什么？

- 认知控制的发展阶段有哪些？各阶段的关键支持脑区有哪些？

- 认知控制策略的表现形式是什么？它们在教育教学中的应用有哪些？

- 早期教育中培养儿童认知控制的学习和互动活动有哪些？

- 学校教学中培养学生认知控制的学习和互动活动有哪些？

4.1　引言

认知控制对于个体的学习具有重要的意义。目前，大量神经科学的研究在关注个体认知控制的发展及其神经机制，为认知控制策略在教学中的应用奠定了基础。同时，教育和认知控制是相辅相成的，教育干预可以培养并提高个体的认知控制能力。

因此，本章的第 2~5 节将主要通过介绍认知控制的定义、理论框架、神经机制、发展及影响因素，建立认知控制与学习的关系。第 6 节将以案例的形式介绍认知控制策略在教学中具体课程设计中的应用。第 7 节将介绍如何从大脑可塑性的角度进行教育干预，从而提升个体的认知控制。第 8 节将对本章节的内容进行总结与反思。

4.2　认知控制的定义和理论框架

4.2.1　什么是认知控制

认知控制也叫执行功能，是指个体运用计划、监测和控制等认知技能达成目标的能力。在认知控制过程中，个体会基于自身的价值判断确定行动的目标，然后制定一系列行动的计划。这些行动一方面是基于个体已有经验的，另一方面要适应无法预见的变化和突发事件。此外，个体需要监督自身的行动，并抑制偏离目标的习惯性反应，以达成目标。因此，认知控制是一个复合而非单一的心理过程，由工作记忆、反应抑制和认知灵活性三个部分组成，如图 4-1 所示。

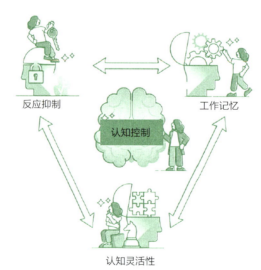

图 4-1　认知控制的三个组成部分

认知控制需要工作记忆来维持目标。工作记忆是一种短期记忆，它对任务相关信息进行短暂表征，被称为"思维的黑板"。由 Baddeley 和 Hitch 提出的模型认为，工作记忆包含三个子成分：中央执行系统、语音回路和视觉空间模板[1]。其中，中央执行系统是工作记忆的核心成分，用于分配注意资源，控制加工过程，并对无关信息加以抑制。语音回路主要用于保持言语信息。视觉空间模板则主要用于加工视觉和空间信息。工作记忆通过对信息临时维持，提供了一个连接感知、长期记忆和行动的接口，从而实现目标导向的行为和决策。反应抑制是指个体抑制与目标任务无关的行为或思维活动，抵抗外部刺激或内部倾向，避免无关信息进入中央执行系统的能力。认知灵活性是认知控制能力的核心成分，指的是个体基于情景要求控制或转换行为和认知的能力，是儿童灵活调整行为策略的必备能力。

4.2.2　认知控制的二维理论框架

认知控制可以分为前摄性控制和反应性控制。认知控制的双重机制（dual mechanisms of cognitive control，DMC）理论指出，日常生活中我们会在主动（proactive）和被动（reactive）控制状态之间转换[2]。前摄性控制是由线索驱动（cue driven）的自上而下的过程，指个体主动对即将发生的事件进行预测和准备，通过心理努力和认知调整提前对信息进行加工和选择，从而阻止干扰或减少干扰带来的影响。一般来说，前摄性控制是一种高效的认知加工方式，但同时它需要持续地激活前额叶两侧，以长时间地在大脑中维持与完成目标相关的信息，因此需要投入很多的认知资源。相对地，反应性控制是由探索驱动（probe drive）的自下而上的过程，是指在没有线索帮助我们进行预测和准备的条件下，只有等目标刺激出现之后，我们才能解决冲突或排除干扰的一种认知控制模式。由于反应性控制只短暂地激活前额叶两侧，所以这种认知控制模式消耗的认知资源较少。

两种认知控制各有什么优缺点？

认知控制的前摄性和反应性模式具有各自的优缺点。就前摄性模式来说，其优点是使个体可以为了达成目标持续地对自己的行为和计划进行调整；不足之处是需要耗费大量认知资源。从注意的角度来说，前摄性模式可能会使个体形成思维定式，而极易忽略环境中的一些重要信息。就反应性模式来说，其优点是消耗的资源较少，即在信号出现之后和目标出现之前，个体不需要耗费资源来持续地表征目标；不足之处是个体容易忽视目标刺激。虽然反应性模式消耗的注意资源较少，但是在这种模式下，个体的注意容易被环境中的无关刺激吸引，从而忽略对目标刺激的加工。

思考：反思一下你在日常生活中更偏好哪一种认知控制模式？

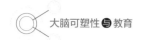

4.3　认知控制能力的神经机制

认知控制是一个复杂的心理过程，涉及大脑许多不同的脑区，其中最重要的是前额叶皮质（prefrontal cortex，PFC）。前额叶皮质是覆盖额叶前部的大脑皮质区域，广泛接收来自所有其他皮质区域和功能的输入。功能磁共振研究表明，前额叶在结构和功能上的成熟程度与个体认知控制能力紧密相关，是儿童认知控制发展的基础。

前额叶分为四个亚区：外侧前额叶皮质（lateral prefrontal cortex，LPFC）、额极（frontal pole，FP）、眶额叶皮质（orbitofrontal cortex，OFC）和内侧额叶皮质（medial frontal cortex，MFC）。按照功能分，它们可以分为两个控制系统。

第一控制系统包括外侧前额叶皮质、额极、眶额叶皮质，其支持面向目标的行为。这一控制系统与大脑皮质后端区域协同工作，形成工作记忆系统，吸收和选择与任务相关的信息，并支持具有灵活性的行为。这个系统涉及计划，模拟结果，启动、抑制和改变行为。

第二控制系统包括内侧额叶皮质，负责指导和监控行为。它与前额叶皮质的其他部分协同工作，监控正在进行的活动，以调节认知控制的程度，使行为与当前目标保持一致。

除了前额叶皮质参与认知控制，额叶的其他一些区域也在认知控制中起作用，如很多研究表明，前扣带回质（anterior cingulate cortex，ACC）可以通过对不同脑区之间的冲突进行监控，并且传递信号给外侧前额叶皮质来完成认知控制（通过兴奋或抑制机制）。此外，根据任务类型的不同，额下回、顶叶以及前运动区等不同脑区也参与认知控制。因此，个体的认知控制是大脑多个皮质功能区协同整合作用的结果。

由于前额叶皮质的成熟过程相对较长，至青年早期才完全成熟，认知控制的发展会一直持续到成年。其中，Gonthier 等人通过 AX-CPT 行为实验发现，儿童早期阶段（4~8岁）是认知控制发展的关键时期[3]。

基于行为、眼动和脑电研究方法的研究结果表明，3~6 岁儿童认知控制的发展主要体现在对前摄性控制的调用上。具体来说，5 岁之前，儿童主要依赖于反应性认知控制，但是在 5 岁之后，儿童就有能力使用前摄性控制了。但是，5 岁儿童在前摄性控制的使用上还不够灵活。例如，他们仅仅在无法使用反应性认知控制的条件下，才会被动使用前摄性控制。5 岁之后，儿童的前摄性控制还会持续发展，大约在 8~10 岁，儿童就可以主动使用前摄性认知控制了。例如，基于在所有正确试验中对被试在提示（cue）、延迟（delay）、目标出现（target）三个阶段所发生的瞳孔直径变化的分析发现，3.5 岁儿童在延迟阶段的瞳孔直径变化要显著小于在提示和目标出现阶段的瞳孔直径变化，而 8 岁儿童在延迟阶段表现出比在提示和目标出现阶段的显著更大的瞳孔直径变化。这表明 3.5 岁儿童主要在提示或者目标出现时付出努力，主要依赖于反应性控制来执行任务，而 8 岁儿童已经可以在延迟阶段付出努力维持信息，开始使用前摄性控制来完成任务[4]。

此外，由于儿童的大脑神经结构未发育成熟，儿童与成人的认知控制在行为以及神经机制上会有较大的差异。与成人相比，7~12岁儿童利用线索在不同的任务规则之间进行转换的效率更低，并且任务转换产生的代价更高。在注意维持任务中，11~12岁儿童维持目标的能力较成人更弱。脑电研究结果表明，23~30岁的成年人的前摄性控制水平要高于16~17岁青少年，并且成年人比儿童或青少年更有可能采取前摄性控制。

> **前额叶皮质与认知控制的关系**
>
> 前额叶皮质区域广泛支持个体在社会、情感和动机方面的关键认知功能。背外侧前额叶皮质（dlPFC）在工作记忆、目标驱动的注意力、任务转换、计划、解决问题和寻求新奇感方面发挥作用。腹外侧前额叶皮质（vlPFC）在抑制、反应选择和监测中发挥作用。背内侧前额叶皮质（dmPFC）和腹内侧前额叶皮质（vmPFC）在自我认知、动机激发、情绪调节和更新目标导向行为方面发挥作用。眶额叶皮质（OFC）在人格形成、抑制、情感处理和社会推理方面发挥作用。

4.4 认知控制与学习记忆之间的关系

认知控制在个体学习过程中起着重要的作用。认知灵活性让我们在目标导向行为中可以灵活地改变自己的行为和认知以更好地应对干扰信息；反应抑制帮助我们对于干扰和无关信息进行监控和抑制；而工作记忆，则让我们在不断调整行为和认知的过程中更新目标信息和进行选择。认知控制所涉及的以上三个部分协调配合，可以让我们在学习过程中采取既灵活又合理的方式，从而完成复杂的认知活动并达成特定的目标。因此，认知控制对个体的日常学习活动和解决复杂问题具有重要的作用。

正是由于认知控制的重要作用，近年来越来越多的研究者开始关注儿童认知控制的发展。研究表明，根据儿童早期的认知控制水平可以预测儿童入学后的学业成绩，并且认知控制中所涉及的工作记忆、反应抑制和认知灵活性均可能与特定的学习表现有关，例如，2~6年级的儿童的认知灵活性对其在读写和数学中的表现起至关重要的作用。根据7~11岁儿童的前摄性控制水平可以预测他们在数学和阅读上的表现。此外，Cortés Pascual等人对2009—2018年关注小学生认知控制能力与学业成绩的研究进行了系统的综述与元分析，结果发现认知控制是正常发育儿童学业成绩的良好预测指标，对语言学习和数学学习都有较好的预测作用[5]。Cortés Pascual还对认知控制的不同组成部分（认知灵活性、反应抑制、工作记忆）进行了深度研究，结果发现工作记忆对小学生学习成绩的预测权重最高。

认知控制与学习表现有密切关系，同时，根据认知控制能够预测个体在多年之后的认知加工的特征、社会经济地位以及健康状况等。例如，研究人员对近60名40多岁的人进行了"热"（"热"系统，涉及受刺激控制的欲望和情感，与大脑的情感区域有关）和

"冷"（"冷"系统，涉及与认知控制相关的神经回路）两种类型的go/nogo任务测试，以评估根据童年满足延迟能否预测成年后的控制能力和对高吸引力线索（快乐的面孔）的敏感性。结果发现，那些在学龄前阶段不能延迟满足并且在二三十岁时一直表现出较低的自我控制能力的人，在面对快乐的脸而不是中性或恐惧的脸时，比那些可以延迟满足的人表现得更差。这个结果表明，根据学龄前阶段的延迟满足能力能够较好地预测40多岁时抑制外界吸引的能力。此外，Moffitt等人对1000名从出生到32岁的人进行队列研究，结果发现，根据个体儿童时期的认知控制可以预测其成年之后的身体健康状况、药物依赖情况、个人财务状况和犯罪行为[6]。在个人财务状况上，儿童时期认知控制水平较低的孩子在成年之后的财务状况较差，他们不太会储蓄并且有更多的资金管理困难和信贷问题。

认知控制神经机制对教育的启示

笔者基于前人研究，设计了测量前摄性认知控制和反应性认知控制的任务，使用功能磁共振成像的方法研究了8~11岁儿童和成人在认知控制方面的差异及其脑机制。结果表明，儿童和成人均可以在任务中调用反应性控制和前摄性控制，但是在脑区激活上存在差异。在线索提示阶段（cue phase），成人相较于儿童在前摄性控制和反应性控制两种条件下在额顶叶（frontoparietal）激活上表现出更大的条件差异（前摄性控制条件下的脑区激活水平高于反应性控制条件下的脑区激活水平），也就是成人在前摄性控制条件下更大程度地激活了认知控制网络，表明成人在前摄性控制条件下比儿童更善于使用信息性线索来进行高阶的认知加工。也就是说，相比于儿童，成人在前摄性控制的线索提示阶段（即类比于生活中的提前准备阶段）已经激活了大脑的选择和筛选系统进行提前有效的准备，而儿童只是激活了警觉系统，提高了意识水平并未进行有效的准备。

相反，在反应性控制条件下的目标刺激出现后（target phase），儿童相较于成人在认知控制网络中的激活水平更高，这表明儿童更依赖于反应性控制。此外，尽管反应性控制条件下没有线索提示，但成人在反应性控制条件下额顶叶的激活水平更高，这表明成人在反应性控制条件下，会主动地投入资源以参与认知加工。以上结果说明，成人大脑可以主动地维持信息，儿童大脑仍不能像成人那样主动地维持信息。该研究结果在教育实践中具有较大的启示意义：由于儿童的大脑认知控制基础尚未发育成熟，并不能像成人一样熟练地使用前摄性认知控制模式进行提前准备和投入认知资源进行认知加工，父母或者教育工作者有必要对儿童在学习过程中表现出的"不提前准备、预习""遗忘作业任务"等看似"懈怠学习"的行为给予更多的理解和耐心，并且为儿童提供适当的外部提示和监控支持。

思考：除此之外，你认为儿童的哪些看似"挑战大人耐心"的行为可能是其神经基础尚未发育成熟引起的？

4.5 认知控制发展的影响因素

受到底层神经机制的影响，不同年龄段儿童的认知控制水平不同。此外，由于生理差异和成长环境不同，同一年龄段儿童的认知控制功能存在较大的个体差异。

在个体认知因素方面，个体运用前摄性控制的水平很可能受到其他认知能力的影响。高流体智力的个体，前摄性控制能力更强。此外，前人的研究探究了认知控制与个体工作记忆容量之间的关系。结果显示，工作记忆容量低于平均水平的个体可能难以积极地维持上下文信息，因此更倾向于使用反应性控制策略；而工作记忆容量高于平均水平的个体不认为维持上下文信息特别费力，因此更倾向于使用主动性控制策略。在非认知因素方面，Fales 等人探究了重度抑郁对个体认知控制的影响，结果发现重度抑郁症患者的认知控制回路失调，主要表现为"自上而下"的认知控制能力受损[7]。此外，关于动机对于认知控制影响的研究表明，动机可能会优先影响主动性认知控制机制，从而实现更高效的目标导向行为。

除以上个体因素外，社会与家庭等外部因素也会导致同一个年龄段的儿童的认知控制表现出较大的差异，从而影响其在学习上的表现。比如，已有研究探究了家庭压力，如婚姻冲突、严厉的父母教养和父母的心理控制，以及睡眠状态对儿童认知控制发展的影响，结果表明，较低的家庭压力和较好的睡眠状态会让儿童具有更高的认知控制水平。也有研究表明，父母的职业、家庭学习环境等社会经济地位因素会对儿童在进入幼儿园时的认知能力产生较大的影响，并且可能影响到青春期早期的认知能力。除此之外，父母的受教育水平也可能对儿童的认知能力发展具有较重要的影响。父母的识字水平与儿童语言水平等认知表现相关，家长识字率低会导致儿童的认知发展评估分数较低。

4.6 认知控制策略在教育教学中的应用

4.6.1 教学中的认知控制策略（计划、监测、反思）

基于认知控制的发展规律与神经机制，学生在早期受教育阶段的大脑认知控制基础尚未发育成熟，并不能像成人一样熟练地使用前摄性认知控制模式进行提前计划准备和投入认知资源进行认知加工，有必要为学生在教育环境中提供适当的外部提示和监测等认知策略的支持。并且已有研究表明，认知策略的融入能够有效支持儿童的学习并能够促进其认知控制的发展。具体来讲，虽然低龄儿童还不能像成人一样使用前摄性认知控制策略，但是在计划、监测和反思策略等认知策略的支持下，他们能够使用前摄性认知控制策略并用以支持学习的发生。因此，在教育教学中融入认知控制策略不仅有助于提升学习效率，还可以提升个体的认知控制水平。

首先，融入计划策略有助于培养儿童的问题解决能力并提高学习成绩。例如，研究者

邀请了 53 名 5~6 岁儿童参与基于编程的教学实验研究，并将儿童随机分派到实验组或者控制组。与控制组儿童不同，实验组儿童在进行编程学习时使用计划表以支持计划策略的应用。在学习完成之后，研究者比较分析了实验组和控制组儿童在排序和问题解决能力上的差异。结果显示，实验组儿童的平均得分显著高于控制组。因此，在学习任务中融入计划策略，有助于儿童在学习过程中更加高质高效地解决问题。此外，提前明确目标对发展儿童的认知控制非常重要。在一项认知控制的研究中，60 名学龄前儿童、60 名一年级学生和60 名四年级小学生参与实验，并且每个年龄组的儿童被随机分配至三种条件之一。实验条件一中的儿童不接触任何与任务目标相关的提示信息，在参与任务时保持沉默。实验条件二中的儿童大声朗读任务目标的名称，以明确任务目标；实验条件三中的儿童通过浏览与任务目标相关的图像确定目标，同时在参与任务时保持沉默。结果表明，实验条件二和实验条件三中的策略均可帮助学龄前和一年级儿童进行提前准备，从而降低反应错误率。

认知控制与元认知策略的关系

Flavell 提出，元认知是"个体对自我状态和认知过程的意识和调节"，被解读为认知主体对自身心理状态、能力、任务目标、认知策略等方面的知识，也可看作主体对自身各种认知活动的计划（planning）、监控（monitoring）和调节（regulation）[8]。

Ridley 等人认为元认知策略是控制认知活动并确保实现认知目标过程的手段或做法，可帮助人们规范和监督学习活动，例如有意识地控制学习、计划和选择策略、监视学习过程、纠正错误、分析学习策略的有效性以及在必要时更改学习行为和策略[9]。因此，该策略常被作为培养和提升自我学习（包含自我计划、自我监控、自我评估和自我调节等）效果的重要策略。

认知控制与元认知策略在一定程度上是相通的，只是在不同的研究领域所使用的话语体系有所不同。在教育学的研究中普遍使用"元认知"，而在心理学研究中大多将其归于认知控制策略。

其次，监测策略也可以帮助儿童完成认知学习任务。例如，研究者邀请 27 名 6 岁儿童和 30 名成年人参与探究监测策略对认知控制影响的研究。所有被试都参与三种条件的测试。在第一种没有反馈的实验条件下，任务完成后屏幕上会出现两个黑色的圆形。在第二种标准反馈条件下，任务完成后屏幕上会出现一个高兴（或不高兴）的脸和一个黑色的圆形。高兴（或不高兴）的脸是对被试回答的反馈。如果回答正确，则出现高兴的脸；回答错误，则出现不高兴的脸。在第三种估计反馈条件下，屏幕上会出现两张脸。被试需要判断他们完成任务的结果与哪种造型的脸匹配，即加强了被试对自己表现的监测。这项研究的结果显示，儿童和成人在第三种估计反馈条件下的完成情况最好。这可能是由于在估计反馈的条件下，儿童和成人会更加主动地监测自己在任务中的表现，因此更加灵活有效地调动了认知控制。因此，监测策略对儿童的认知与学习表现都会产生积极的影响。

最后，反思策略也能帮助儿童重构问题解决的过程，从而进行总结，为有效解决下一个研究问题做好铺垫。为了考察反思策略对于认知控制发展的作用，研究者招募了113名2~4岁儿童参与实验，以考察反思策略对儿童认知学习绩效的影响。具体来说，在学习过程中，实验组儿童在完成任务时，会得到关于如何纠正错误的反馈。例如，儿童会收到提示信息"那是对（错）的，你应该按下这个按钮"，也可能看到正确按键的画面，或者获得纠正错误的更多练习机会等。相对来说，控制组儿童只是完成任务，不会得到任何反馈。该研究共进行了三次实验，结果均一致表明实验组儿童的前测、后测成绩存在显著差异，而控制组却不存在差异。因此，反思策略能帮助儿童学会发现存在的问题并及时调整解决问题的方式，从而提高儿童的认知控制水平。此外，研究者在这项关于反思策略对于认知控制发展作用的研究中，不仅发现反思策略可以促进学前儿童的认知控制发展，还发现反思策略可以提高学习绩效。该研究认为，反思训练对儿童的教育具有重要的意义，这是因为反思策略并不是简单地告知儿童什么样的行为是错误的，而是发展儿童行为的灵活性、适应性和迁移性。因此儿童学习使用反思策略后，可以将其运用于其他的学习情境中，从而提高学习绩效。

4.6.2 认知控制策略的教学应用举例

目前，认知控制策略在教育教学中的应用仍处于探索阶段。本节将以编程学习为例，介绍如何将认知控制策略（即计划、监测和反思）整合到线上和线下编程课程中，并通过实证研究的方式检验其是否可以有效提高儿童的编程能力和计算思维水平。

1. 在线上编程课程中融入认知策略

该线上编程课程由10个视频组成。第1个视频是基本规则的教学，第2到第7个视频是指导孩子使用赋值、类型、条件、循环、分解和函数等编码技能来解决问题，最后3个视频鼓励孩子综合使用前面学到的编程技能来优化问题解决的过程。前7个视频持续3~7分钟，最后3个算法视频每个持续30秒左右。在教学视频中，孩子们看不到老师，只能看到老师操作的过程和听到老师的声音。对实验组，在融入认知策略的视频中，老师将监测认知策略融入第2到第7个视频。具体来说，监测认知策略是指，在解决问题的过程中，老师会在问题解答完成一半时返回起点检查刚才发出的命令是否正确（见图4-2）。相对而言，控制组的教学视频没有整合任何策略。

图 4-2　在线上编程课程中融入认知策略

在课程结束后，研究人员对实验组和控制组的儿童进行了编程能力、计算思维（Bebras计算思维挑战赛）和智力（瑞文标准推理测验）的测试，结果发现两组儿童在智力和计算思维上都没有显著差异，说明两组分组合理、匹配良好。对于编程能力的测评，研究人员进行了即时评分和事后评分，结果发现在即时评分中的分解技能上出现了接近显著的组间差异，然而在事后评分中，实验组和对照组没有显著差异。

在线版编程能力测试工具

在线版编程能力测试工具，即coding ability testing（CAT），由地图卡、箭头卡、功能卡和命令框组成（见图4-3）。CAT包含1个基线游戏和9个正式测试游戏。基线游戏是为了帮助孩子熟悉工具涉及的基本规则：通过将适当的箭头卡和功能卡摆放到命令框中帮助卡通人物从起点移动到终点。在9个正式测试游戏中，游戏1~6分别测试赋值、类型、条件、循环、分解和函数这6种编程技能。

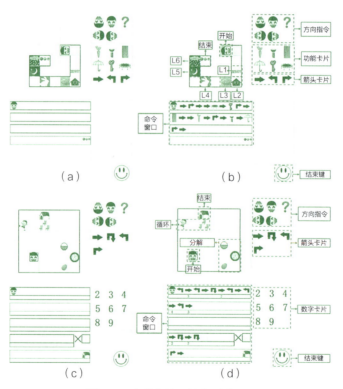

图 4-3　在线版编程能力测试工具

注：（a）和（c）展示的分别是条件和算法技能的初始用户界面，（b）和（d）展示的分别是两个问题的答案和相应标记。

尽管该研究尝试探究认知策略对线上学习的影响，但是从该研究结果中研究者没有发现认知策略对线上编程学习有显著效果。研究者认为可能有两个原因导致了这样的结果。第一，该研究在教学过程中并没有有意地教孩子使用认知策略，而是只在教学视频中演示了如何使用监测认知策略。先前研究表明，5~6岁的儿童不能自主使用认知控制策略。因此，在没有明确要求的情况下，儿童可能无法使用监测认知策略来改善编程学习绩效。第二，线上编程学习缺乏社会交互，可能会降低认知策略的效果。已有研究表明，教师的表情、手势和姿势等社会线索会影响儿童的学习效果，这些社会线索对深度处理学习材料至关重要。在线上课程中，孩子们通过观看在线视频来学习编程，这样缺乏社交线索和互动的学习可能会削弱认知控制策略的效果。

2. 在线下编程课程中融入认知策略

线下编程课程基于编程机器人（Matatalab）开展，共12次课（前2次课和后2次课用于测量和评估孩子的编程学习效果）。Matatalab由指令块、控制板、控制塔和机器人组成。孩子们在第一节课中学习Matatalab机器人的基本功能，比如如何开机/关机、前进和左右转。中间的6节课程分别学习以下特定的编程技能：赋值、类型、条件、循环、分解和函数。在最后一节课中，我们鼓励孩子使用在之前课程中学到的编程技能以最佳方式（即算法）解决问题。

实验组和控制组都是基于游戏和合作的方式进行学习的。例如，两组孩子通过解决任务地图上的问题来学习编程技能。此外，课程还设置了一个宝箱，作为帮助孩子们讨论和划分角色的工具。具体来讲，两个小组的孩子都会用宝箱收集贴纸奖励，但两组所不同的是，计划、监测和反思这三种认知控制策略只明确地融入了实验组的课程中（见图4-4）。

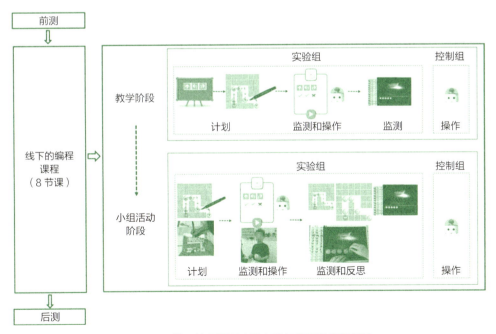

图 4-4 线下编程课程中融入认知策略的实验设计

线下版编程能力测试工具

　　线下版本的CAT工具是一款基于卡片的工具，其包含2个基线游戏和9个正式测试游戏。与线上版本相同，孩子们同样需要通过操纵箭头卡和功能卡帮助卡通人物从起点移动到终点。由于时间的限制，我们选择了以下6个正式测试游戏来测试孩子的编程能力：游戏2（类型）、游戏4（条件）、游戏5（分解）、游戏6（函数）、游戏8（算法）和游戏9（算法）。

　　课程开始时（即教学阶段），授课教师使用任务地图复习上一节课所学内容，再使用新的演示地图介绍本节课将要学习的编程技能。但是在实验组中，授课教师会将学习计划贴在黑板上，然后通过在小地图上绘制路径和命令来演示如何制订计划。然后，教师按照小地图上的计划，在控制板上放置指令块并测试所用的指令是否解决了任务地图上的问题。

　　在小组活动阶段，两组孩子都会进行角色分工。实验组的孩子依次扮演操作者、帮助者和监督者的角色，控制组的孩子则只依次扮演操作者和帮助者的角色。并且，只有实验组的孩子被明确要求使用认知控制策略：实验组的孩子被要求像授课教师在教学阶段时一样，在开始正式操作之前在小地图上绘制路线和所需命令（计划策略）；监督者需要监测操作者在操作过程中是否犯错误（监测策略）。为了鼓励监督者的监测行为，实验组每个正确的操作都会得到贴纸奖励，而控制组只有完成所有游戏才会获得奖励。

　　在课程的最后，实验组的孩子被鼓励反思他们在问题解决的过程（反思策略）。例如，是否使用了错误的命令？错误应该如何解决？小组成员在合作时有分歧吗？而控制组的孩子没有被鼓励重新思考他们问题解决的过程。

　　同样地，在课程结束后，研究人员对实验组和控制组的儿童进行了编程能力、计算思维（Bebras计算思维挑战赛）和智力（瑞文标准推理测验）的测试，结果发现两组儿童在智力和计算思维上都没有显著差异。对于编程能力的测评，研究人员发现，实验组和控制组的后测相较于前测都表现出编程能力上的显著提高。对于两组之间的差异，结果表明实验组在循环和算法技能上变化的效果量大于对照组，但在类型、分解和函数技能上没有明显差异。相比而言，循环和算法技能比其他编程技能涉及更多的对抽象规则的表征。具体来说，对抽象规则的表征涉及前额叶皮质，但是前额叶皮质在早期并未成熟，这导致年幼的儿童很难在他们的大脑中维持和操纵抽象的目标。鼓励儿童使用计划、监测和反思等认知策略可能会激发他们主动使用前摄性控制，这对于维持和操纵抽象目标非常重要。因此，在实验组中融入的认知控制策略可能有助于儿童处理循环和算法技能中涉及的抽象信息。

　　总之，研究结果表明，与年龄适配的认知控制策略可以对儿童的编程学习产生积极影响并具体帮助儿童更好地学习高度抽象的编程技能。

4.7 教育案例和分析

4.7.1 早期学习和互动活动举例

研究表明，认知控制的发展并不是无法干预的，而是具有可塑性的。例如，涉及重复练习的有氧运动、正念、学校课程等多种活动都可以提高儿童的认知控制水平。目前，国内外很多研究者关注个体认知控制的发展和干预，致力于提高认知控制水平较低的儿童的学习和生活能力。下面将具体地介绍一些能够提高儿童认知控制水平的早期学习和互动活动。

戴德蒙和他的思维工具课程[10]

神经科学家阿黛尔·戴德蒙（Adele Diamond）致力于研究儿童认知控制的发展与干预。戴德蒙认为认知控制在生活的各个方面都是成功的关键，有时甚至比智商或社会经济地位更具有预测性，并且提出"个体在任何年龄都可以通过训练和练习来提高认知控制，就像体育锻炼可以锻炼身体一样"。2007 年，戴德蒙在 *Science* 杂志上发表题为 "Preschool Program Improves Cognitive Control" 的论文，提出了在学龄前阶段干预和提高认知控制的有效手段——思维工具课程（Tools of the Mind）。该课程是由教育心理学家埃琳娜·波德洛娃（Elena Bodrova）和德博拉·莱翁（Deborah Leong）基于维果斯基和卢里亚（Luria）对高阶心理功能以及"如何通过综合活动促进认知控制发展"的理论和实践研究而开发的循证课程。在思维工具课程中，戴德蒙将用于支持认知控制的脚手架融入课堂活动，让孩子们在学习语言或者数学技能的过程中提高认知控制。

1. 实物外部支持——"伙伴阅读"活动

在这项活动中，所有的孩子都会得到一本图画书，并将轮流通过翻书和指着故事的图片的形式向另一个孩子讲述他们书中的故事。一开始孩子们在讲自己的故事时，其他孩子都不愿意听。于是老师给讲故事的孩子画一张嘴唇的图画，给听故事的孩子画一张耳朵的图画，让孩子以具体的图形符号为参照，让听故事的孩子学会倾听。之后，孩子们会交换图画和角色，从而学习按照图画提示遵守自己的社会规范。在仅仅几个月后，这些图画就不需要了，孩子们都学会了当"倾听者"和"读者"。并且，教师要求当"读者"读完这本书时，"倾听者"问"读者"一个关于书的问题。后来，这一行为逐渐被"读者"内化，他们在读完故事后会主动问自己关于这本书的问题，以验证自己的理解。

2. 监督他人

将"监督他人"的策略融入学科教学中。例如，在数学活动中，两人一组，一个孩子用"手"数出物体个数，而另一个孩子检查数得是否正确（第二个孩子作为第一个孩子表现的监督员）。作为"监督员"的孩子会等待，直到第一个孩子数完物体的个数，然后记录在自己的监督表中以确保答案是正确的。这个过程既支持自我反省，也支持自我抑制控制。负责"监督"的孩子需要抑制自己数数的欲望，直到轮到他。"监督表"可以让负责"计数"的孩子一边看着检查，一边反思自己之前的答案并思考是否正确。

3. 通过"自言自语"来调节自己

维果斯基和卢里亚认为"自言自语"是认知控制发展的一个非常重要的机制。维果斯基将"自言自语"定义为在执行任务时对自己说话，进行自我指导和调节。教师需要通过多种方式鼓励和教儿童进行"自言自语"，从而提高儿童的自我控制能力。例如，教师在引入新活动时，特别是需要不断监测自己行为的活动（如写作或图形练习）时，会示范"自言自语"的使用，并鼓励儿童在参与这些活动时进行"自言自语"。此外，在这个过程中，有一些专门的工具活动（如分享新闻或伙伴阅读），让儿童参与公共演讲。

4. 在规则转换过程中使用"自言自语"

由于随着任务变得更具挑战性，"自言自语"的频率会增加，所以在动作游戏中的规则转换将刺激孩子们增加"自言自语"的频率，并练习使用"自言自语"来调节自己的行为。例如，在游戏中，教师首先会向孩子们展示一个模式，比如用字母ABABBA分别代表三角形、正方形，三角形、正方形、正方形、三角形，老师给每个形状分配特定的动作，孩子们在老师指向形状时要表演这个特定的动作。然后，老师转换规则，给这些形状重新分配一组不同的动作。这时，孩子们必须在工作记忆中记住这一组新动作并执行，因此，他们必须抑制之前的一组动作，并转向新的动作。在这个过程中，孩子们可以使用"自言自语"帮助他们记住动作的变化，并在工作记忆中保留新的动作。例如，当老师指向下一个形状时，孩子们通常会在做动作之前说出与之相关的动作（例如，"鼓掌"）。没有人刻意地让他们说什么，但是他们会自发地说出这句话来帮助自己做出正确的行动。

5. 成熟的、戏剧性的游戏

引导孩子与同伴一起计划并设计游戏场景。他们可能会说，"假装你是妈妈，我是孩子。""我生病了，你得带我去看医生。她是医生，可以开药。"扮演妈妈的孩子可能会补充说："我得开车送你去，我需要一辆车。"在孩子们一致同意之后，他们会表演这个场景，并计划另外一个场景再次进行表演。孩子们通过两种方式学习整个规划过程：首先，他们自己为这个场景和他们将要扮演的角色制订一个总体计划。接下来，老师鼓励孩子们提前思考并明确他们的计划，一起讨论谁将做什么，什么时候会发生什么，并且老师在孩子们玩耍的时候接近他们，提示他们讨论下一步要做什么。随着游戏场景的发展，孩子们可能会计划在同一个角色中做其他事情，比如一个修理宇宙飞船的宇航员。这里同时发生了两件事：首先，孩子们学会了"边说边思考"（"自言自语"）；其次，他们在计划过程中使用的词语在之后的游戏中成为他们"自言自语"以及"社会互动语言"的内容。

角色扮演活动会促进规则和期望的内化（锻炼工作记忆），并强化对自身行为的约束（锻炼抑制）。孩子们必须记住他们选择的场景、他们选择的角色，以及同伴选择的角色。他们必须抑制与其角色不一致的行为（例如，婴儿不能突然命令其他人），他们不能冲动地去拿其他与场景无关的玩具，必须遵守他们商定的规则。因此，孩子们参与角色扮演活动会促使他们更多地使用外部工具（如图片）来帮助自己集中注意力，专注于"剧本"，而不是被与场景无关的玩具吸引。同时，孩子们通过监督彼此是否遵守规则和扮演的角色，互相帮助进行自我调节。

已有研究表明，孩子们在接触了 1~2 年以上的课程活动后，与同龄人相比，认知控制表现明显改善。因此，虽然认知控制和前额叶皮质都具有很长的发展历程，但大脑是具有可塑性的，可以通过教育干预提高个体的认知控制能力。

4.7.2 课堂中的学习和互动活动举例

目前，虽然研究表明认知控制对个体的学习至关重要，但是认知控制的培养在教育实践中一直没有得到应有的重视。为此，本节将基于脑科学领域关于大脑可塑性的教育干预相关研究，具体举例说明如何利用这些信息来设计课堂中的学习和互动活动。

教师在课堂中通过观察课堂行为，识别出认知控制较弱的学生，这是为学生设计个性化学习和互动活动的重要基础。表 4-1 列举了当学龄儿童在认知控制的某些方面遇到挑战时可能出现的一些课堂行为。

表4-1　学龄儿童在认知控制受到挑战时可能的课堂表现

具体认知控制能力	行为表现
反应抑制	（1）冲动——经常在听指示之前就开始一项活动； （2）在学校周围活动时难以遵守排队秩序，甚至难以待在教室里； （3）在课堂上打断别人或大声喊叫； （4）需要更多的成人监督
认知灵活性	（1）难以改变任务、地点、解决问题的方法； （2）难以忍受变化（如更换代课老师或调整既定活动安排）； （3）具有非黑即白的思维，很难改变想法

续表

具体认知控制能力	行为表现
工作记忆	（1）记不住事情（电话号码、指示）； （2）忘记正在做的事情，忘记任务的目的； （3）经常不能坚持做一件事情（注意力不集中）
计划和组织	（1）低估完成任务的时间或难度； （2）等到最后一刻才开始做一个大项目； （3）混淆了项目中涉及的步骤，或在多步骤项目中，无法理解书面或口头材料的要点； （4）忘记家庭作业； （5）陷入细节而失去对"大局"的把握
任务执行	（1）即使他们对任务本身不抵触，也需要被提醒才能开始执行； （2）准备开始执行一项任务，但不知道从哪里开始（即不知道第一步，需要将步骤分解）； （3）难以产生想法（任务或项目的想法，甚至在休息时间也不知道该干什么）； （4）很少主动做家务或家庭作业（不知道如何做）
情绪控制	情绪爆发，突然或频繁出现情绪变化、情绪反应，容易出现不安情绪

对教师的要求

在提升儿童认知控制的教育实践中，教师扮演着至关重要的角色。在活动中，老师们也被要求学会判断哪些活动不能对孩子认知控制的发展起到积极作用，并能够及时地调整和改变策略。

思考：你认为如何才能促进教师在教育活动中重视儿童的认知控制？

在教师充分掌握班级学生认知控制水平后，教师在课堂中可以有针对性地设计学习活动或者互动活动来干预并且提高学生的认知控制能力。以下是一些具体的面向课堂环境的设计和相关活动举例。

1. 合作解决问题

由于有情绪或行为挑战的学生总是会缺乏一些"潜在认知控制技能"，比如应对变化、管理情绪、理解自身行为对他人影响的能力。而这些"潜在认知控制技能"主要是在与同伴的交流、协作以及观察同伴行为的过程中习得的。因此，我们需要在了解学生具体"潜在认知控制技能"的基础上，与学生合作共同解决问题，并鼓励学生在与同伴的协作过程中不断纠正自身的问题。例如，当学生对新的代课老师不适应时，我们要主动了解学生产生行为变化的原因，鼓励学生与同伴交流并一起主动了解新老师。然而，这是一个缓慢且需要不断重复加强的过程，因为只有通过重复，学生才能认识自己的长处和短处，建立信心和动力，并对具有挑战性的情况做出适当的适应性反应。

2. "小而精"的学习和互动活动

课堂教学中，可鼓励学生练习使用一些学习策略：

（1）开展相关活动，使学生成为"时间和工作组织者"；

（2）引导学生在学习与生活中，使用彩色记录表或分段笔记本进行记录与整理；

（3）指导学生建立个人日历，用于监控学习进度、记录任务截止时间；

（4）训练学生熟练使用任务清单；

（5）在知识教学过程中，教授助记法等记忆辅助工具。同时，了解学生的学习偏好（听觉型或视觉型），并针对性地提供适配技巧，如课堂录音、详细书面任务说明等；

（6）通过模拟问题解决场景，帮助学生养成良好的工作习惯。具体包括：将问题或项目分解为可管理的"块"；合理预估所需时间；提出多种解决方案并选择最佳解决方案；在付诸行动前，先进行思考与评估。

此外，应向父母解释这些学习和互动活动的重要性，并鼓励他们在孩子写作业或参与其他活动时强化这些方法，再次增加这些策略被内化和在不同环境中被推广的可能性。

3. 营造班级策略使用文化

研究者指出，在课堂教学中营造"策略使用文化"至关重要。可以通过以下具体举措来营造班级策略使用文化：①鼓励学生将适合自己的学习策略记录于个人笔记本；②优化教师对学生的评分机制，评分机制不仅涵盖测试、作业的最终结果，还包括学生在学习过程中运用策略的情况。

教师设计教学活动的原则

1.认知控制相关策略的教学应该直接与课程联系起来

将认知控制相关策略的教学融入课程中比孤立地教授这些认知技能或者策略（与学生的课堂学习无关）更有效。

2.应该明确地教授元认知策略

教师在教学过程中应使用通俗易懂的语言向学生解释元认知策略，并且不断地建模（具象化）、强调和重复。此外，应该告诉学生每个策略将如何帮助他们学习（例如，"这个策略将帮助你识别任何文本中的关键点"）。

3.策略应该以一种结构化的、系统的方式来教授

要结合频繁地建模、反馈，为学生提供重复练习的机会，以便技能被内化和应用。重要的是，要认识到每个人使用策略的效果是不一样的。适用于一个学生的方法可能不适用于另一个学生。应该鼓励学生认识到什么对他们最有效，这样就可以相应地调整策略。

4.策略教学应该关注学生的动机和努力

对学生来说至关重要的两个条件是：①了解自己的优势和劣势；②看到这些策略

将会提高成绩。这两个条件都是不可或缺的。条件①可能是具有挑战性的，当与一个经历了多年的失败和挫折并且情感脆弱的学生进行沟通时，最好采取私下一对一的形式。要同时看到学生的优点和缺点，并以一种明确的支持、非评判的方式进行表达。条件②的一个好方法是将任务或作业分解成小的、可完成的单元，这样学生就可以体验成功并在此基础上继续发展。

活动：如果你是一名教师，请你尝试将这些原则融入你的课程。

4.8　总结与反思

4.8.1　本章总结

认知控制在个体生活和学习中扮演着重要角色，是个体完成目标任务和掌控人生的关键。基于此，本章主要围绕认知控制，系统地梳理了从基础研究到实践研究的脉络，并进一步探讨了如何将认知控制能力应用于教育实践。

本章的核心内容总结如下：

（1）认知控制是指个体运用计划、监测和控制等认知技能达成目标的能力。

（2）认知控制是一个复合的心理过程，包含工作记忆、反应抑制和认知灵活性三个部分。

（3）根据认知控制的双重机制理论，个体在学习和生活中会在前摄性控制和反应性控制两种模式之间转换。

（4）前额叶皮质是支持认知控制的关键脑区，其结构和功能上的发展与个体认知控制的发展紧密相关。

（5）认知控制的发展对个体的学习过程起着重要的作用。根据认知控制不仅能够预测个体的读写、数学等方面的学业成绩，而且能够预测个体成年后的社会经济地位、健康状态等。

（6）家庭压力、睡眠情况、父母的受教育水平以及家庭教育环境等社会家庭因素会影响个体认知控制的发展。

（7）计划、监测、反思等认知策略的融入能够有效支持儿童的学习并促进其认知控制的发展。

（8）在儿童早期，家长与幼儿园老师可以通过实物外部支持、监督他人、演讲、戏剧游戏等思维工具课程促进儿童认知控制的发展。

（9）在学校教学中，教师有必要了解班级学生的认知控制水平，并在课堂教学活动中融入能培养和提高学生认知控制水平的教学设计与互动活动。

4.8.2　反思内容

（1）认知控制是一种什么样的能力？它的各个组成部分是如何协同活动的？

（2）从家庭的角度，父母应该采取哪些方式提高孩子的认知控制？

（3）从学校的角度，应该如何提高教师对认知控制教育干预的重视和优化教学实践？

（4）从社会的角度看，如何提升普通大众对儿童认知控制的关注？如何实现家校联动？

4.9　推荐阅读

[1]　巴德.认知控制：我们的大脑如何完成任务[M].方庆华，译.北京：国际文化出版公司，2022.

[2]　李美华.执行功能发展与学科学习[M].武汉：华中师范大学出版社，2009.

[3]　梅尔策.教育中的执行功能：从理论到实践[M].周加仙，译.上海：上海教育出版社，2020.

[4]　文萍.儿童的执行功能发展与教育[M].桂林：广西师范大学出版社，2008.

[5]　Braver T S.The variable nature of cognitive control：a dual mechanisms framework[J]. Trends in Cognitive Sciences，2012，16（2）：106-113.

[6]　Chevalier N，Martis S B，Curran T，et al. Metacognitive processes in executive control development：the case of reactive and proactive control[J].Journal of Cognitive Neuroscience，2015，27（6）：1125-1136.

[7]　Diamond A. The early development of executive functions[C]//Lifespan Cognition：Mechanisms of Change. Oxford：Oxford University Press，2006：70-95.

[8]　Diamond A. Executive functions[J]. Annual Review of Psychology，2013，64：135-168.

[9]　Diamond A，Lee K.Interventions shown to aid executive function development in children 4 to 12 years old[J]. Science，2011，333（6045）：959-964.

[10]　Diamond A，Barnett W S，Thomas J，et al. Preschool program improves cognitive control[J]. Science，2007，318（5855）：1387-1388.

[11]　Wang L，Shi D，Geng F，et al. Effects of cognitive control strategies on coding learning outcomes in early childhood[J]. Journal of Educational Research，2022，115（2）：133-145.

4.10　参考文献

[1]　Baddeley A D，Hitch G. Working Memory：Vol.8[M]. New York：Academic Press，1974.

[2]　Braver T S. The variable nature of cognitive control：a dual mechanisms framework[J]. Trends in Cognitive Sciences，2012，16（2）：106-113.

[3]　Gonthier G，Zira M，Cole P，et al. Evidencing the development shift from relative to proactive control in early childhood and its relationship to working memory[J].Journal of Experimental Child Psychology，

2019，177：1-6.

[4] Chatham C H，Frank M J，Munakata Y. Pupillometric and behavioral markers of a developmental shift in the temporal dynamics of cognitive control[J].Proceedings of the Nationdal Academy of Science，2009，106（14）：5579-5533.

[5] Cortés PascuaL A，Moyano Muñoz N，Quílez Robres A. The relationship between executive functions and academic performance in primary education：review and meta-analysis[J]. Frontiers in Psychology，2019，10：1582.

[6] Moffitt T E，Arseneault L，Belsky D，et al. A gradient of childhood self-control predicts health，wealth，and public safety[J]. Proceedings of the National Academy of Sciences，2011，108（7）：2693-2698.

[7] Fales C L，Barch D M，Rundle M M，et al. Altered emotional interference processing in affective and cognitive-control brain circuitry in major depression[J].Biological Psychiatry，2008，63（4）：377-384.

[8] Flavell J H. Metacognition and cognitive monitoring：a new area of cognitive-developmental inquiry[J]. American Psychologist，1979，34（10）：906-911.

[9] Ridley D S，Schutz P A，Glanz R S，et al. Self-regulated learning：the interactive influence of metacognitive awareness and goal-setting[J].Journal of Experimental Education，1992，60（4）：293-306.

[10] Diamond A，Barnett W S，Thomas J，et al. Preschool program improves cognitive control[J]. Science，2007，318（5855）：1387-1388.

第 5 章

大脑可塑性与创造性思维的发展和培养

本章思维导图与关键问题 ▶ ▶

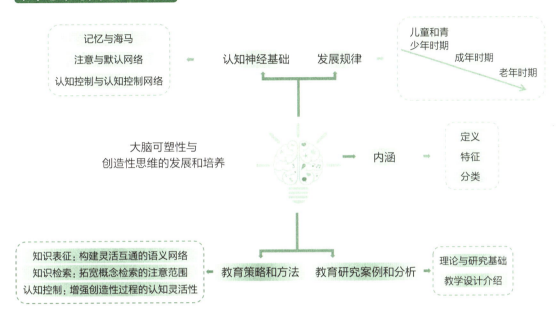

- 什么是创造性思维？它有哪些关键特征？

- 创造性思维与记忆、注意、认知控制等基本认知过程有何关联？

- 哪些脑区和脑功能网络在创造性过程中发挥作用？

- 创造性思维可以在人的一生中持续发展吗？它的发展趋势如何呢？

- 哪些教学策略和方法能够促进创造性思维的发展？

5.1 创造性思维的内涵

5.1.1 创造性思维的定义和特征

1950 年，美国心理学家吉尔福德（Guilford）在报告中强调了创造力（creativity）研究的重要性。此后，这一领域受到广泛关注。如今，创造性思维（creative thinking）已经成为 21 世纪的核心技能之一。

创造性思维是一种具有开创意义的高阶思维能力，它有助于人类开拓新的认知领域并产生新的认知成果。创造性思维以记忆、注意、认知控制等认知功能为基础，并借助推理、想象、联想、直觉等认知过程得以形成。创造性思维主要表现为形成新颖且适宜的想法或创作出独特作品，它的产物既可以是无形的（如一个创意想法、一个科学理论、一部文学作品、一首乐曲或一个幽默笑话），也可以是有形的（如一项发明、一道菜肴、一件珠宝首饰、一套服装或一幅画作）。此外，创造性思维还表现为以创新的策略和方法解决问题。

创造性思维具有两大关键特征，如图 5-1 所示，分别是新颖性和适宜性[1]。其中，新颖性表现为新奇或者不寻常，从量化角度来看，新颖性意味着统计上的稀缺和罕见。而适宜性则强调特定情境下某一想法、作品或者解决方法反映出的价值或者适用程度，它会随着环境和时间的变化而变化。一个想法可以是新颖但不适宜的（无价值），也可以是不新颖但适宜的（老生常谈），但一个创造性想法需要兼具新颖性和适宜性。

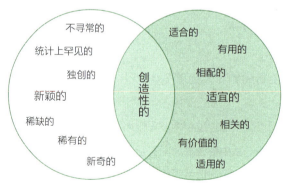

图 5-1 创造性思维的两大关键特征

5.1.2 创造性思维的分类

创造性思维作为一种高阶思维能力，其概念具有复杂性。

基于创造力的不同表现形式，创造力的 4P 框架[2]将创造力的定义划分为四个部分，分别为人（person）、过程（process）、产品（product）和环境（press），如表 5-1 所示。各种关于创造力的定义往往聚焦于这四个组成部分中的一个。例如，人格视角倾向于将创造力视为一种个人特质，与创造者的个性、品质、行为和自我认知相关；过程视角关注解决问题和产生创造性想法所涉及的认知过程，包括动机、思考和学习；产品视角专注于想法或作品的具体体现；而环境视角则重视环境对个体创造力产生的影响。实际上，这四个组成部分是高度相关的，因为产品是由一个人在特定环境中经过一系列认知过程创造出来的。

表5-1 创造力的4P框架

组成部分	内涵
人（person）	创造者的个性、品质、行为和自我认知
过程（process）	创造性想法所涉及的认知过程，包括动机、思考和学习
产品（product）	创造性想法或作品的具体体现
环境（press）	环境对个体创造力的影响

基于创造力的不同层次，创造力的4C模型[3]将创造力划分为迷你创造力（mini-C）、小创造力（little-C）、专业创造力（pro-C）和大创造力（big-C），其潜在发展路径如图5-2所示。其中，迷你创造力被定义为对经验、行为和事件新颖且具有个人意义的解释和构想，强调学习过程中的创造性思考，是创造性思维的早期萌芽。例如，在绘画课中，小明尝试用不同的画笔画一片叶子，对画笔的使用产生了独特且有意义的个人见解。小创造力是指日常生活中的创造性活动与表达，肯定了创造性潜力的广泛分布。例如，经过反复的尝试和练习，小明的绘画作品受到老师和同学的喜爱。专业创造力表现为在专业领域取得显著的创造性成就，但尚未达到大创造力层次。例如，小明坚持绘画，并在大学主修了绘画专业，经过不断磨砺与专业知识的沉淀，小明在毕业后成功举办个人画展，获得业界专家的高度评价。而大创造力则代表对整个领域乃至人类文明产生持久性影响的杰出创造性贡献，它涉及对一个人整个职业生涯和全部作品的评估。例如，数十年后，小明被视为先锋派艺术的领军人物，其创作被载入史册，深刻地影响了后世的艺术创作与审美观念。

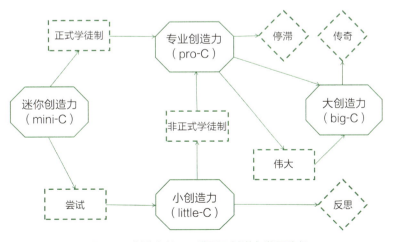

图 5-2 创造力的4C模型及其潜在发展路径

5.2　创造性思维的认知神经基础

创造性思维并不依赖于特殊的认知过程，而可以被视为"普通过程的非凡结果"。从认知神经科学视角来看，创造性思维与记忆、注意和认知控制及相关神经基础紧密相关。

5.2.1　记忆与海马

1. 记忆与创造性思维

记忆与创造性思维的关系似乎令人困惑。一方面，创造性思维以新颖性为标志，表明它并非记忆的直接提取物。另一方面，创造性想法不是凭空出现的，它根植于既有记忆之中，通过联想与想象跨越已知界限。在创造性思维的记忆框架中，创造性思维依赖于受控的记忆检索，建立在记忆构建的基础上[4]。这一框架将创造性过程划分为两大阶段，分别是想法生成阶段与想法评估阶段，如图 5-3 所示。具体而言，在想法生成阶段，个体首先对相关语义和情景信息进行检索，以获取概念或情景细节，随后，在不相关的概念间建立联系或重组信息以形成心理图像，从而产生候选想法；在想法评估阶段，个体通过对照现有知识与过往经验来评估候选想法的新颖性，通过属性评估与心理模拟来判断候选想法的适宜性，这些过程随着时间推移以迭代的方式展开。

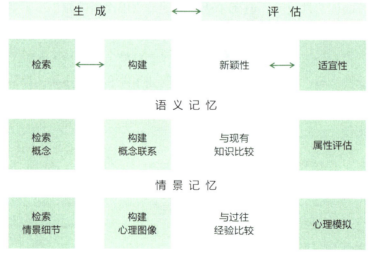

图 5-3　创造性思维的记忆框架

为了加深对于这一框架的理解，我们将使用一个替代用途任务作为实例，如图 5-4 所示[4]。在该任务中，个体需要构想"汽车轮胎"的创造性用途。在想法生成阶段，个体先从记忆中提取与"汽车轮胎"具有相似属性或情景细节的物体（如"秋千""帽子""灯罩"），随后，尝试将这些元素融入"汽车轮胎"的构想中，形成候选想法。在想法评估阶段，若某一想法因缺乏新颖性（如"用汽车轮胎制作秋千"）或适宜性（如

"用汽车轮胎制作帽子")而被淘汰，则想法生成过程将重新启动，直至挖掘出既新颖又适宜的创造性想法（如"用汽车轮胎制作灯罩"）。

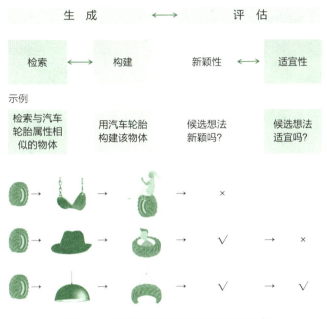

图 5-4 构想"汽车轮胎"的创造性用途

创造性思维的记忆框架强调语义记忆和情景记忆动态参与创造过程的不同阶段。根据创造力联想理论，高创造力个体和低创造力个体在语义网络结构上存在显著差异，前者拥有更扁平的联想层次结构，使得一个概念的激活能够广泛触发与之具有中等或者弱语义联系的概念，从而促进远距离联想的生成[5]。这一观点得到了计算建模研究的支持，通过量化语义网络的各项指标，如平均最短路径长度、聚集系数、模块度等，证实了一个概念彼此更接近、连接更丰富的语义网络有助于提高创造性思维[6]。此外，创造性思维与情景记忆密切相关，依赖于对特定时间和地点发生的特定个人经历的回忆、想象和模拟。研究表明，对情景细节的回忆能提高参与者在想象未来事件时产生的情景细节数量，改善参与者的发散性思维任务表现[7]。

语义记忆与情景记忆

语义记忆（semantic memory）是指人对一般知识和规律的记忆，与特殊的时间、地点无关。语义记忆可以用网络表示。图 5-5 左侧是"轮胎"的语义网络图[4]，其中，节点表示概念，节点间的连线表示概念间的相关性。基于语义记忆，个体可以在先前不相关的概念间构建新联系，从而产生创造性想法。

情景记忆（episodic memory）是指人根据时空关系对某个事件的记忆，反映了对于不同概念在特定时空中共同出现的情景化、多模态化的体验。图 5-5 右侧是三种与"轮胎"有关的情景记忆。基于情景记忆，个体能够灵活地构建和模拟新的心理表征，通过想象产生创造性想法。

图5-5 关于"轮胎"的语义记忆与情景记忆

思考：你能举例说明语义记忆和情景记忆如何支持创造性思维吗？

2. 海马支持创造性思维

海马（hippocampus）是支持记忆系统的关键大脑区域，在记忆的编码、存储和提取等过程中发挥着重要的作用。大量研究表明，海马对成年时期的创造性思维发展具有重要影响。例如，从脑激活的视角来看，当健康成年被试被要求列出物品的创新性用途或评价物品的新颖性和适宜性时，他们的海马活动会显著增强[8-9]。从脑功能协作的视角来看，健康成年被试在创造性想法的构建过程中，海马与颞中回之间的功能连接会显著增强[9]。从脑损伤的视角来看，一项针对46~57岁海马相关失忆症患者的研究显示，他们在托兰斯创造性思维测试中，无论是绘制创造性的图画还是为特定物品构想新颖用途，其表现均显著比健康对照组差[10]。从脑刺激的视角来看，当使用功能性磁共振成像引导的经颅磁刺激技术抑制海马活动时，健康成年被试在执行替代性用途生成任务时产生的创造性想法显著减少[11]。值得注意的是，海马不仅对成年时期的创造性思维发展起着重要作用，对儿童时期的创造性思维发展也同样重要。一项针对8~12岁儿童的研究发现，发散性思维与海马头部和海马尾部的体积以及海马身体部分由菊角2~4和齿状回组成的子域体积显著相关，并且在静息状态下，发散性思维与前后海马和其他脑区功能连接的差异也显著相关。这些发现一致表明，儿童的发散性思维与海马的结构和功能显著相关[12]。

5.2.2 注意与默认网络

1. 注意与创造性思维

概念检索是创造性思维的重要过程，在这一过程中注意控制起着核心作用。与低创造力个体相比，高创造力个体在概念检索时注意范围更加广泛[13-14]。为了更好地理解注意范围与概念检索的关系，我们用聚光灯来打比方，如图 5-6 所示[1]。在提取记忆信息的过程中，聚光灯光束越细，即注意范围越小，检索到的概念元素也就越少。这种情况适用于目标导向任务，通过缩小注意范围来减少无关信息干扰，提高目标达成的准确性。

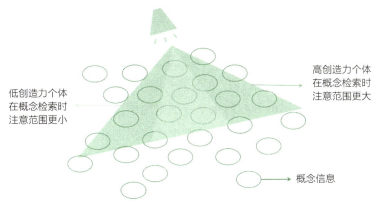

低创造力个体在概念检索时注意范围更小

高创造力个体在概念检索时注意范围更大

概念信息

图 5-6　注意范围与概念检索

然而，个体注意范围中的概念元素数量会直接限制由这些元素组合生成的联想的数量，这种联想对于创造性思维至关重要。个体注意范围中的概念元素数量越多，可能产生的联想的数量也就越多。例如，如果个体仅能同时注意两个元素（A、B），那么只能生成一种组合（AB），而如果该个体能同时注意三个元素（A、B、C），那么就可以生成四种组合（AB、BC、AC、ABC）。因此，每增加一个概念元素，潜在的组合数量就会呈指数型增长。根据这一理论，高创造力个体在创造性过程中拥有更广泛的注意范围，这使他们能够获取更多的概念元素来建构组合，从而更有可能产生远距离联想或不寻常的想法。

2. 默认网络支持创造性思维

默认网络（default mode network，DMN）由一系列离散的、双侧且对称的皮质区域组成，这些区域主要分布于大脑的内侧和外侧顶叶、内侧前额叶以及内侧和外侧颞叶皮质。默认网络与注意分散现象密切相关。具体而言，在执行需要高度集中注意的外部导向任务时，默认网络通常会呈现失活状态。此外，研究者在任务状态和静息状态的研究中，均发现默认网络与腹侧注意网络活动之间的负相关关系[15-16]，这表明两者在注意调控过程中可能存在互补作用。值得注意的是，多项研究发现默认网络与走神现象密切相关[17-18]。这意味着当注意从当前任务或活动中分散，转而进行自由联想、想象或关注其他不相关事物时，默认网络的活动会显著增加。这些发现不仅揭示了默认网络在调节注意分配和思维漫游中的关键作用，也为我们理解默认网络在创造性思维中发挥的作用提供了重要线索。实际上，大量研究表明，默认网络积极参与了开放式、发散式以及生成式的创造性思维过程。例如，从脑激活的视角来看，在自由联想过程中，默认网络脑区的活动显著增强[19]。从脑功能协作的视角来看，内侧前额叶和后扣带皮质之间的静息态功能连接与发散性思维任务表现呈显著正相关[20]。从脑刺激的视角来看，抑制默认网络脑区的活动会导致发散性思维任务表现变差[21]。

5.2.3 认知控制与认知控制网络

1. 认知控制与创造性思维

认知控制与创造性思维存在动态而复杂的交互关系。具体而言，在创造性问题解决的早期发散思维阶段，适度降低认知控制水平有助于发散思维和新颖想法的生成，而在后期收敛思维阶段，适度提高认知控制水平有助于集中注意力来评估和选择最佳方案[22]。因此，认知灵活性，即个体灵活调整认知控制模式以快速适应新情境和新问题的能力[23]，是影响创造性思维的关键要素。此外，有研究者指出，自上而下的认知控制对创造性思维的影响可以用倒 U 形函数来表示[24]，如图 5-7 所示。具体来说，自上而下控制得过多或过少均会导致创造力降低。相比之下，中等水平的去抑制状态能够带来更高的创造力表现。

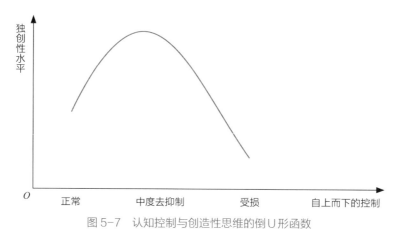

图 5-7　认知控制与创造性思维的倒 U 形函数

2. 认知控制网络支持创造性思维

认知控制网络（cognitive control network，CCN）包含前扣带回皮质/前辅助运动区、背外侧前额叶皮质、额下回交界区、前岛叶皮质、背侧前运动皮质以及后顶叶皮质等关键区域，这些区域与工作记忆、反应抑制、认知灵活性以及计划等核心认知控制能力紧密相关。大量研究表明，认知控制网络支持创造性思维。具体而言，多种形式的创造性活动，如发散性问题解决、艺术绘画和音乐即兴创作等多种形式的创造性活动，均卷入了认知控制网络[25-27]。Liu 等区分了个体在诗歌创作任务生成和评估两个阶段的大脑激活模式[28]。研究发现，额顶脑区在诗歌创作的生成阶段显著失活，而在评估阶段则显著激活。研究发现，从脑网络功能协作的角度来看，认知控制网络和默认网络共同支持创造性认知活动。其中，默认网络支持产生创造性想法，而认知控制网络有助于评估这些想法的有效性，并根据任务目标对这些想法进行调整[22]。

5.3　创造性思维的发展规律

创造性思维的发展是一个动态且非线性的过程，贯穿了个体从儿童、青少年、成年到老年整个生命历程。随着环境和生命阶段的变化，创造性思维的表现形式、发展趋势与影响因素各不相同。

5.3.1　儿童和青少年时期

创造性思维的萌芽与"游戏"紧密相连。幼儿早在两岁时便能参与想象力游戏。在游戏中，儿童以新颖而独特的方式诠释游戏情境。例如，一个塑料香蕉玩具能够化身为通信工具，而一块积木则能代表一只装满饮品的杯子，这些奇思妙想正是创造性思维的具体体现。作为儿童和青少年自我表达的关键途径，创造性思维逐渐受到学校教育的重视，并被巧妙地融入各类校园活动中。同时，创造性思维也广泛渗透儿童和青少年的日常生活，他们为周围的事物赋予新的意义与诠释，逐渐形成对世界的独特理解。

值得注意的是，儿童和青少年时期的创造性思维发展并非一帆风顺，而是呈现出不连续和非线性的特征。研究发现，在特定的年龄阶段，如进入正规学校、升至四年级以及从小学到中学的过渡时期，创造性思维可能会出现短暂的衰退或波动[29-31]。这些所谓的"创造性思维低谷"时期，揭示了学校教育环境对创造性思维发展的潜在影响。一项研究表明，中学生将教师对他们创造性思维的积极反馈视为支撑自己创造性思维信念的最大动力[32]。因此，为了发展学生的创造性思维，学校需要提供一个具有支持性与鼓励性的学习环境，并对学生的创造性表现进行有效反馈。

5.3.2　成年时期

成年后个体的创造性思维持续发展。大量研究通过纵向追踪与横断面设计，深入探讨成年时期的创造性思维发展规律。纵向追踪研究显示，创造性思维具有持续发展的潜力，早期创造性思维对之后的创造性成果、创造性人格特征表现出显著的预测作用。而横断面研究则揭示了创造力随年龄变化的总体发展趋势，研究表明创造力在青年和中年阶段处于高峰，到成年后期逐步下降。

在成年时期的创造性思维发展中，专业知识扮演着独特的角色。研究表明，随着参与者获得更多的专业知识，他们提出了更多新的问题，采用了更多不同的视角，产生了更多的创造性观点[33]。但是，特定领域专业知识的累积也伴随着创造性思维受限的潜在风险。研究者基于对 59 位古典作曲家的作品的分析发现，同类型作品的过度累积反而抑制了创造力，这可能是因为特定领域的"过度训练"导致了思维僵化，从而限制了创造力的发展。相反，不同类型的创作实践对创造力产生了更显著的促进作用，表明跨领域的"交叉训练"对创造性思维具有重要价值[34]。因此，在培养成年时期的创造性思维时，

应注重平衡专业知识的深度与广度，保持对跨领域知识的开放态度，以激发更多的创新灵感和创意成果。

此外，意义建构也是影响成年时期创造性思维可持续发展的重要因素。研究者通过对 65 名工程师的深度访谈发现，受访者对创造性思维价值的认知是他们决定是否投入时间与精力参与创造性过程的核心机制[35]。从根本上说，这种机制是通过意义建构塑造的，直接关系到个体参与创造性过程的内在动机。意义建构过程受到环境与个性特质的双重影响。研究表明，成年人通过从环境中提取线索来获得意义，并对符合其个性特质的线索做出更积极的反应[36]。一个支持性的社会环境与富有创造性的工作团体，对于增强个体追求创造性思维的内外动机具有显著作用[37-38]。

5.3.3 老年时期

在标准化的发散性思维测试中，老年群体在流畅性、灵活性和独创性方面的得分显著低于青年和中年群体。这一现象引发了成年后期创造性思维随年龄下降的猜想与假设。然而，这种得分差异可能由不同阶段的创造性思维表现形式差异导致。老年的创造力更多地体现为整合和收敛能力，老年群体在特定领域的知识积累和在语言表达使用等方面的经验积累可以弥补其在传统发散性思维能力上的相对不足。研究表明，老年人在日常问题解决等具体情境中展现出独特的创造性思维优势。与其他年龄段的群体相比，老年人具有丰富的生活经验，他们更倾向于采取以问题为中心的策略，在处理与自身生活紧密相关的问题时，他们不仅展现出高水平的自我效能感，还对自身所具备的创造性人格特质持有更积极的自我认知与评价。因此，这种在标准化发散思维测试中观察到的创造性思维"下降"现象，可能是创造性思维在不同领域和人生阶段发生质变的体现。成年后期创造性思维的发展轨迹并非遵循简单的线性下降趋势，而受到多种因素的综合影响，包括问题类型、评估方式、专业知识与个人经验等。

创造性思维在老年时期也可以继续发展。一些杰出的创造者在晚年仍然保持旺盛的创造力，并创作出令人惊叹的作品。例如，意大利著名作曲家朱塞佩·威尔第（Giuseppe Verdi）在 73 岁高龄时创作了歌剧《奥赛罗》。这部作品以其深刻的心理描写、宏大的音乐布局以及精湛的音乐技艺，达到了威尔第创作生涯的艺术高峰，展现了他在晚年依然卓越的创作才华。同样，意大利文艺复兴时期的伟大雕塑家、画家、建筑师和诗人米开朗基罗·博那罗蒂（Michelangelo Buonarroti）在 77 岁高龄时开始创作《隆达尼尼圣母怜子像》，去世前不久，他仍在精心打磨这一作品，展现了他在风格和技法上的大胆创新和突破，为后世留下了宝贵的文化遗产。此外，针对老年艺术家的研究也表明，随着年龄的增长，他们的创造性思维仍在继续发展[39]。这一现象并不局限于艺术领域，老年群体通过参与创造性文化活动能显著提升自身的创造性思维和生活质量，从而迈向一个更加积极、健康的老龄化阶段。具体而言，参与社区内的创造性文化活动已被发现能够显著增强老年人的图形创造力，提升他们应对日常挑战的问题解决能力，并加深他们对于创造力的自我感知[40-41]。此外，参与创造性文化活动的老年群体在健康评估中普遍展现出更好的生理与心理健康指标，他们的医疗咨询需求和受到的抑郁情绪困扰更少，并更加积极地参与社交互动[42]。综上所述，创造性思维继续发展的可能性不仅是老年个体认知功能活力的体现，更是促进全面健康老龄化、提升晚年生活质量的关键因素之一。

5.4 培养创造性思维的教育策略和方法

5.4.1 知识表征：构建灵活互通的语义网络

知识在大脑中的表征方式深刻影响着创造性想法的产生。高创造力个体的语义网络拥有更加扁平的联想层次结构，这使得相关概念之间的连接更加广泛和灵活，从而有助于促进远距离联想的生成[5]。计算建模研究进一步证实，一个概念之间连接更丰富的语义网络有助于提升创造性思维[6]。因此，优化知识在大脑中的表征方式，特别是通过学习和训练塑造更加灵活互通的语义网络，对于提升学生的创造性思维具有重要意义。

在教学策略上，需要确保教学内容的连贯性、教学内容与学生心理成长阶段的适应性，从而帮助学生对知识建立更加丰富的联系，动态地形成一个灵活的语义网络。以蒙台梭利教学法为例，在初期阶段，教师鼓励学生以直观感知为起点，将具体物体与抽象概念相匹配，如通过观察自然界的叶子形状来认识"倒卵形"这一概念，由此为语义网络的构建奠定坚实基础。随着学习的深入，教师引导学生对概念进行分类与整理，建立概念之间的内在联系，并逐步构建结构化的知识框架，如探索植物系统的内部关系，使学生在脑海中形成更加完整且连贯的知识网络。为了进一步强化概念连接的灵活性，教师巧妙地融入实践活动，如种植植物、收集树叶等亲身体验活动，这些活动不仅加深了学生对概念的理解，还促使他们在实践中灵活运用知识，动态调整语义网络结构。随着学生抽象思维能力和语义记忆能力的不断发展，教师鼓励他们基于已有经验进行知识的迁移与创新，使语义网络在吸收新知识和建立新联系的过程中变得更加丰富和灵活。最终，这种教学策略的实施帮助学生构建了一个错综复杂而又灵活多变的语义网络。研究表明，相较于传统教育模式，采用这种教学策略培养的学生在创造性思维测试中表现更优异，其语义网络结构也展现出更高的灵活性和丰富性。

此外，在教学辅助工具方面，思维导图是一种构建灵活互通的语义网络结构的有效工具。作为一种基于联想的图形化知识表征工具，思维导图巧妙地融合了线条、色彩、文字、数字、符号和图片等多种元素，将抽象的概念以直观且富有吸引力的形式呈现。这一工具不仅能够帮助儿童快速而清晰地记录信息与想法，而且能够激发儿童的联想潜能，引导他们进行概念的整合和形象化处理。通过思维导图的运用，儿童能够更加自如

地对概念建立联系，构建一个更加灵活多变、丰富的知识网络。而其可视化的表现形式使得儿童在解决问题和进行创造性思考时能够迅速且准确地调动相关知识，实现知识的有效迁移与创新。

5.4.2 知识检索：拓宽概念检索的注意范围

概念检索过程中的注意范围直接决定了检索到的概念元素数量，进而限制了通过组合这些元素所生成联想的多样性和新颖性。一个更广泛的注意范围能够让学生捕捉到更多的概念元素，为构建创意组合提供丰富的素材，从而更有可能激发学生的远距离联想或不寻常的想法。在教学过程中，教师可以采取多种策略有效拓宽学生在概念检索时的注意范围。

首先，教师可以引导学生从抽象层面入手解决问题。这一教学策略鼓励学生摆脱具体实例的局限，进而探索那些更具包容性的抽象概念。以想象和绘制外星生物的创造性任务为例，研究表明，那些以生物生存原则等抽象概念为思维起点的参与者，相较于仅从回忆具体生物实例（如狗）出发的参与者，展现出更高的创造力水平[43]。这一发现凸显了抽象概念在拓宽概念检索时注意范围的独特优势。为了进一步强化这一过程，构建基于类别的层级网络显得尤为重要。这种网络结构不仅帮助学生清晰把握概念之间的层级与关联，还引导他们在思维上层层递进，不断提升对概念的抽象水平。随着概念在层级网络中的逐步提升，学生能够触及更加广阔的概念领域，其注意范围也随之扩大，从而在概念检索与组合的过程中，激发出更加丰富、多样且具有创新性的联想。

其次，教师可以组织多样化的教学活动。以范例生成任务和自由联想任务为例，如图 5-8 所示，两者对学生在概念检索时的注意范围会产生不同的影响。在这两个任务中，参与者都需要对给定的类别名称（如服装、家具、乐器和车辆等）展开联想。在范例生成任务中，参与者需要参照给定的范例进行联想，例如："如果你看到'猫'这个词，你可能会想到野猫、波斯猫、暹罗猫、布偶猫等。"此时，给定的范例会限制参与者概念检索的注意范围，使得他们的思维局限于特定框架内。而在自由联想任务中，参与者不受逻辑、习惯甚至现实的约束，为了防止参与者把注意集中在给定的类别名称上，他们得到的指导语是："当你看到一个词时，有时它会让你想到另一个词。如果你看到'猫'这个词，你可能会想到牛奶、狗、黑色或加菲猫——几乎任何东西。"此时，自由联想拓宽了参与者概念检索的注意范围，促进了思维的发散和远距离联想的生成。研究表明，自由联想任务比范例生成任务更有助于后续创造性思维任务表现[44]。因此，教师可以设计一系列内容丰富、形式多样的热身活动，如单词联想游戏等。这些活动不仅能够拓宽学生在概念检索时的注意范围，激发他们的自由联想潜能，还能从学生记忆深处引出多样化的内容，为学生创造性思维的发展奠定基础。

图 5-8　范例生成任务与单词联想任务示例

5.4.3　认知控制：增强创造性过程的认知灵活性

认知灵活性是指个体灵活调整认知控制模式，以快速适应新情境和新问题的能力。创造性思维教学应注重培养学生的认知灵活性，以使他们能够根据任务需求在不同的认知控制模式中灵活切换。

一方面，复杂多变的任务条件有助于提升学习者的认知灵活性。在一项研究中，参与者被分为两组，一组在条件恒定的重复灭火场景中接受训练，而另一组则在风速、风向、设备效率、土地类型等条件不断变化的场景中接受训练。研究结果显示，当面对全新的灭火场景时，在固定、单一条件下接受训练的参与者倾向于使用他们在学习阶段练习过的策略，而在复杂、多变条件下接受训练的参与者则表现出更高的认知灵活性，他们会更加灵活地调整策略，给出创造性的解决方案，以适应不断变化的情境[45]。在教学过程中，教师可以创建模拟真实世界的复杂情境，让学习者在复杂多变的任务条件中面对各种挑战，学习如何在不同条件下灵活应对，创造性地解决问题。

另一方面，多样化的任务能够锻炼学习者的认知灵活性。首先，教师可以设计动态变化的任务规则，如在解谜游戏中每隔一段时间改变游戏规则，要求学习者迅速适应新规则并调整策略。其次，构建包含多种认知维度的混合任务体系，如从记忆任务转换到逻辑推理任务，再到创造性解决问题。这一过程不仅能丰富学习者的认知体验，更能促进大脑在不同思维模式间的灵活转换。此外，教师还可以引入多任务并行处理的训练场景，如同时监管多个项目进展、平衡紧急任务与日常任务的优先级等。通过此类训练，学习者不仅能学会如何有效分配注意力与资源，还能在压力环境下保持冷静，展现出更高的认知灵活性与更强的任务管理能力。

5.5 教育案例和分析

创造性思维已经成为 21 世纪不可或缺的核心素养。因此，越来越多的教育工作者积极倡导将创造性思维融入 K-12 教育体系和日常课程之中。然而，如何有效实施创造性思维教育，依旧是一个值得深入探讨的课题。

5.5.1 理论与研究基础

计算思维概念的提出为创造性思维教育提供了新的思路。计算思维是一种利用计算机科学知识和技能来解决问题的思维模式，与创造性思维有着密切的联系。一方面，作为高阶思维能力，创造性思维与计算思维包含一系列重叠的思维工具，如观察、想象、抽象、模式识别等；另一方面，在发展计算思维的过程中，学生也在创造性地表达自己的想法。

研究表明，编程活动不仅是计算思维的重要载体，而且能够促进创造性思维的发展。例如，Noh 等通过为期 11 周的编程课程实验证明了编程本身就是一种创造性活动，它可以激发学生的创造力[46]。Scherer 对 105 项研究中的 539 个效应量进行了元分析，发现学生在编程学习过程中所获得的能力提升会正向迁移，并促进创造性思维的发展[47]。

值得注意的是，在编程活动中引入故事情境有助于促进学生创造性思维的发展。首先，基于故事情境设计的课程能够极大地激发学生的学习兴趣，当故事情节与学生生活紧密相连时，这种贴近现实的关联性能够深深吸引学生的注意，进而激发他们无限的想象力与强烈的创造热情。其次，故事创作作为一种富有创造性和开放性的教学方法，为师生构建了一个鼓励探索与思考的学习环境。在这一环境中，学生由被动的知识接受者转变为积极的探索者，他们亲手参与创作，不断试错，为其创造性思维的发展提供了丰富的养料与广阔的空间。最后，融入故事情境的编程教学巧妙地将抽象的编程概念与复杂的编程内容具象化，降低了学习门槛，使学生能够更加轻松地融入并享受学习过程。

5.5.2 教学设计介绍

以下教学设计引入生动的故事情境，将编程活动与创造性思维教育相结合。研究结果显示，该教学设计有助于提高学生的学习兴趣，促进学生创造性思维的发展[48]。

1.学情分析

该课程面向的学生为 7~10 岁的儿童，无编程基础或仅有少量编程知识。首先，根据心理学家皮亚杰（Piaget）提出的认知发展理论，该年龄段的孩子正处于具体运算阶段，其认知过程高度依赖于具体操作与实物互动。面对抽象的文字概念，他们可能难以理解。因此，教师应精心设计易于创作的学习情境，鼓励儿童在自由操作中掌握知识，必要时辅以数字工具进行直观展示，以促进儿童理解与运用。其次，该年龄阶段的儿童拥有强烈的好奇心，对有趣且新鲜的事物会产生较为浓厚的兴趣，因此，教师应考虑学习情境与课程内容的生动性、连贯性和趣味性，以持续激发儿童的学习动力。最后，鉴于编程学习对认知要求较高，尤其对于初学者而言，理解复杂的编程结构和表达是一大挑战。采用不插电编程活动（即不依赖计算机设备，而是通过拼图、卡片等实物工具进行编程教学）能够有效降低认知负担，提升教学成效。

2.流程设计

课程共分3节课，每节课持续约1.5小时。每节课按计划教授编程知识，例如，第一节课教基本操作、赋值、类型等。每节课的教学流程均主要分为讲授、编程练习与故事创作三个阶段，如图1所示。

图1 教学流程

在讲授阶段，教师引入生动的故事情境，使新知识与学生熟悉的情境连接，激发学生的学习兴趣。同时，故事情境的引入使抽象的编程知识变得更加具体，便于学生理解，促进学生有意义地构建。

在编程练习阶段，学生在听讲后需做与每一个编程维度相关的习题。例如，学生学习了条件和循环后，需要完成相应的习题。习题设计同样融入故事元素，增强实践趣味。

故事创作阶段，学生以2人小组为单位共同创作，围绕教师指定的主题（如宇宙探险）展开创作。让学生先在A4纸上构思草图，随后在网格纸与A3素描纸上进行设计创作。创作初步完成后，各个小组需向教师展示并介绍故事的名字、设计的路线及所用的编程知识。教师即时反馈，提出创作建议并检验答案是否与编程路线相匹配。小组依据教师反馈展开讨论，进一步迭代作品。课程尾声，各小组共同分享最终作品，展现学习成果，如图2所示。

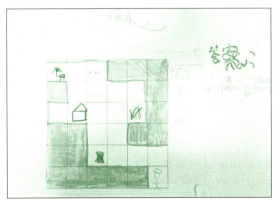
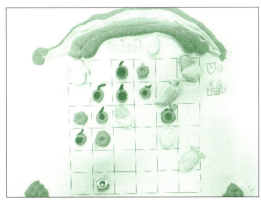

图2 编程作品展示

3.内容设计

课程内容分为基本操作、赋值、类型、条件、循环、分解、函数和算法八个模块。其中，类型和赋值是对变量的具体描述，属于变量维度。条件和循环是控制指令顺序的两种不同类型，属于控制维度。分解和函数分别对应将复杂任务分解为简单模块和利用函数封装代码，属于模块化维度。而算法则是解决问题的策略精髓。各维度间难度循序渐进。

为增强学习趣味性与情景代入感，课程以"飓风星球"为蓝本，构建了一个引人入胜的故事世界。在这个设定中，3015年科学家们意外发现了一颗充满挑战与机遇的星球——飓风星球，并派遣了一支由中国大学科研团队领导的机器人探险队前往探索。探险队成员包括方方、圆圆、保姆机器人、无人机、探测车及机器狗，他们各自扮演不同角色（见图3），拥有独特技能，共同面对在极端环境下生存与种植作物的挑战。故事情境中巧妙融入了一张6×6的方格图，作为探险行动的舞台，探险队成员需根据既定路线在其中穿梭，从而完成任务。这一设计不仅让学习过程生动有趣，还促进了学生对空间逻辑、路径规划等编程概念的理解与掌握。

图3 角色介绍

4.教学方案示例

表1以"赋值"这一计算思维基本概念为例，依托"冰雪大世界"的故事背景，具体介绍该教学方案。

表1 "冰雪大世界"教学方案——基于"赋值"的计算思维概念

课程名称	冰雪大世界	
课程目标	1.知识与技能 （1）掌握"赋值"的概念和技能； （2）理解"赋值"的原理和意义； （3）列举"赋值"在生活中的应用。 2.过程与方法 （1）在实践和合作的交流过程中，灵活运用"赋值"进行创作和分享； （2）培养学生自主探究能力和遇到困难时积极解决问题的能力。 3.情感态度与价值观 （1）激发学生对编程的学习兴趣； （2）激发学生的创造力，培养学生的创造性思维； （3）通过集体合作，培养学生的团结互助精神	
活动材料	6×6方格图、蜡笔、黏土、铅笔、水彩笔、橡皮等	
	教学内容	课堂记录
活动过程	讲授阶段（25分钟）	本教案以"飓风星球"为主题，融入了"冰雪大世界"的故事情境，培养了计算思维中的"赋值"思想 故事背景：3015年，科学家们使用探测器发现了一个新的星球。这个星球上风力强劲，很容易形成飓风，因此将其命名为"飓风星球"。飓风星球上有一个神秘的地方——冰雪大世界。这是一个寒冷的世界，周围都是白茫茫的积雪，连绵起伏的山脉和湛蓝色的冰川构成了壮丽的景色。在冰雪大世界中，一群科学家冒险前来，他们的目的是探索这片冰天雪地的秘密。来自中国大学的科学家们成立了一支机器人考察队，他们打算使用机器人去探索人类如何在飓风星球上生存，并且测试按照目前的技术能否克服星球上的恶劣环境，成功种植物。下面，让我们跟着机器人去探测吧！ 任务1：活动探究，探索"赋值"概念 学生活动1：机器人考察队在飓风星球建立了自己的工作站，科学家告诉方方和圆圆，接下来他们需要去探究人类如何在飓风星球上生存下来。为探究生存秘密，要先去冰雪大世界寻找冰雪老人。在冰雪大世界里，如果能收集3项由冰制作的东西，就可召唤冰雪老人。需要注意，如果收集了不是由冰制作的物品，则要扣1分。 题目展示

续表

课程名称	冰雪大世界	
活动过程	编程练习阶段（15分钟）	任务2：完成练习，巩固"赋值"技能 学生活动2：机器人需要从左下角出发，到达右上角寻找冰雪老人。共有5项符合冰雪老人要求的物品，分别是冰川、雪人、冰块、雪糕和冰激凌，而冰糖葫芦、旱冰鞋和冰箱不符合要求。因此，机器人需避开这些物品。如果在题目中找到了所有符合要求的物品并用了3次赋值，则可以得到3朵小红花；如果在题目中找到了4项符合要求的物品并成功运用赋值，则可以得到2朵小红花；如果在题目中找到了3项符合要求的物品并成功运用赋值，则可以得到1朵小红花；如果路线正确但未使用赋值，则得不到小红花。 正确答案1： 答案演示
	故事创作阶段（40分钟）	任务3：创作编程故事，体会"赋值"思想 学生活动3：给定具体的主题，学生需要以小组为单位，根据主题在A4纸上简单设计草稿，再在网格纸和A3素描纸上进行设计创作。创作初步完成后，小组需要向教师进行展示，介绍故事的名字、设计的路线及所用的编程知识。该部分完成后，教师会提出创作建议并检验答案是否与编程路线相匹配。小组针对反馈展开讨论，进一步迭代作品，在课程结束时进行作品分享。 故事创作阶段

5.6 总结与反思

5.6.1 本章总结

（1）新颖性和适宜性是创造性思维的两大关键特征。

（2）创造性思维的记忆框架将创造性过程分为想法生成与想法评估两个阶段。海马作为记忆系统的核心，在创造性过程中发挥着重要作用。

（3）高创造力个体在概念检索时的注意范围更广，能检索到更多的概念元素以构建联想，从而更有可能产生创造性想法。默认网络与注意分散和思维漫游密切相关，并积极参与开放式、发散式以及生成式的创造性过程。

（4）在创造性问题解决的早期发散思维阶段，适度降低认知控制水平有助于发散思维和新颖想法的生成，而在后期收敛思维阶段，适度提高认知控制水平有助于集中注意力来评估和选择最佳方案。这一过程受到认知控制网络的支持。

（5）创造性思维的发展是一个动态且非线性的过程，贯穿了个体从童年、青少年、成年到老年的整个生命历程。随着环境和生命阶段的变化，创造性思维的表现形式、发展趋势与影响因素各不相同。

（6）构建灵活互通的语义网络、拓宽概念检索的注意范围、增强创造性过程的认知灵活性，是培养创造性思维的有效途径。此外，融入故事情境的编程活动为激发学生的创造性思维开辟了新路径。

5.6.2 反思内容

（1）创造性思维是一种特殊的"超能力"吗？它的认知神经基础是什么？

（2）创造性思维可以持续发展吗？我们可以运用哪些方法来发展创造性思维？

（3）从认知神经科学的视角解读创造性思维为教育实践带来的启示。

5.7 推荐阅读

[1] Abraham A. The Neuroscience of Creativity[M]. Cambridge：Cambridge University Press，2018.

[2] Beaty R E，Benedek M，Silvia P J，et al. Creative cognition and brain network dynamics[J]. Trends in Cognitive Sciences，2016，20（2）：87-95.

[3] Benedek M，Beaty R E，Schacter D L，et al. The role of memory in creative ideation[J]. Nature Reviews Psychology，2023，2（4）：246-257.

[4] Benedek M，Kenett Y N，Umdasch K，et al.How semantic memory structure and intelligence contribute to creative thought：a network science approach[J]. Thinking and Reasoning，2017，23（2）：158-183.

[5] Kaufman J C，Beghetto R A. Beyond big and little：the four C Model of creativity[J]. Review of General

Psychology，2009，13（1）：1-12.

[6] Kaufman J C，Sternberg R J. The Cambridge Handbook of Creativity[M].2nd ed.Cambridge：Cambridge University Press，2019.

[7] Mednick S. The associative basis of the creative process[J]. Psychological Review，1962，69（3）：220-232.

[8] Mendelsohn G A. Associative and attentional processes in creative performance[J]. Journal of Personality，1976，44（2）：341-369.

[9] Rhodes M. An analysis of creativity[J].Phi Delta Kappan，1961，42（7）：305-310.

5.8　参考文献

[1] Abraham A. The Neuroscience of Creativity[M]. Cambridge：Cambridge University Press，2018.

[2] Rhodes M. An Analysis of Creativity[J]. Phi Delta Kappan，1961，42（7）：305-310.

[3] Kaufman J C，Beghetto R A. Beyond big and little：the four C Model of creativity[J].Review of General Psychology，2009，13（1）：1-12.

[4] Benedek M，Beaty R E，Schacter D L，et al. The role of memory in creative ideation[J]. Nature Reviews Psychology，2023，2（4）：246-257.

[5] Mednick S. The associative basis of the creative process[J]. Psychological Review，1962，69（3）：220-232.

[6] Benedek M，Kenett Y N，Umdasch K，et al.How semantic memory structure and intelligence contribute to creative thought：a network science approach[J]. Thinking and Reasoning，2017，23（2）：158-183.

[7] Madore K P，Addis D R，Schacter D L. Creativity and memory：effects of an episodic-specificity induction on divergent thinking[J]. Psychological Science，2015，26（9）：1461-1468.

[8] Benedek M，Jauk E，Fink A，et al. To create or to recall？ Neural mechanisms underlying the generation of creative new ideas[J]. NeuroImage，2014，88：125-133.

[9] Ren J，Huang F，Zhou Y，et al. The function of the hippocampus and middle temporal gyrus in forming new associations and concepts during the processing of novelty and usefulness features in creative designs[J]. NeuroImage，2020，214（0）：116751.

[10] Duff M C，Kurczek J，Rubin R，Et al. Hippocampal amnesia disrupts creative thinking[J]. Hippocampus，2013，23（12）：1143-1149.

[11] Thakral P P，Madore K P，Kalinowski S E，et al. Modulation of hippocampal brain networks produces changes in episodic simulation and divergent thinking[J]. Proceedings of the National Academy of Sciences of the United States of America，2020，117（23）：12729-12740.

[12] Xu W，Ren L，Hao X，et al. The brain markers of creativity measured by divergent thinking in childhood：hippocampal volume and functional connectivity[J]. NeuroImage，2024，291：120586.

[13] Mendelsohn G A. Associative and attentional processes in creative performance[J]. Journal of Personality，

1976，44（2）：341-369.

[14] Mendelsohn G A，Griswold B B. Differential use of incidental stimuli in problem solving as a function of creativity[J]. Journal of Abnormal and Social Psychology，1964，68（4）：431-436.

[15] Hampson M，Driesen N，Roth J K，et al. Functional connectivity between task-positive and task-negative brain areas and its relation to working memory performance[J]. Magnetic Resonance Imaging，2010，28（8）：1051-1057.

[16] Fransson P. Spontaneous low-frequency BOLD signal fluctuations：an fMRI investigation of the resting-state default mode of brain function hypothesis[J]. Human Brain Mapping，2005，26（1）：15-29.

[17] Mason M F，Norton M I，Van Horn J D，et al. Wandering minds：the default network and stimulus-independent thought[J]. Science，2007，315（5810）：393-395.

[18] Christoff K，Gordon A M，Smallwood J，et al. Experience sampling during fMRI reveals default network and executive system contributions to mind wandering[J]. Proceedings of the National Academy of Sciences of the United States of America，2009，106（21）：8719-8724.

[19] Marron T R，Lerner Y，Berant E，et al. Chain free association，creativity，and the default mode network[J]. Neuropsychologia，2018，118：40-58.

[20] Takeuchi H，Taki Y，Hashizume H，et al. The association between resting functional connectivity and creativity[J]. Cerebral Cortex，2012，22（12）：2921-2929.

[21] Shofty B，Gonen T，Bergmann E，et al. The default network is causally linked to creative thinking[J]. Molecular Psychiatry，2022，27（3）：1848-1854.

[22] Beaty R E，Benedek M，Silvia P J，et al. Creative cognition and brain network dynamics[J]. Trends in Cognitive Sciences，2016，20（2）：87-95.

[23] Scott W A. Cognitive complexity and cognitive flexibility[J]. Sociometry，1962，25（4）：405.

[24] Abraham A. Is there an inverted-U relationship between creativity and psychopathology？[J]. Frontiers in Psychology，2014，5：750.

[25] Gonen-Yaacovi G，De Souza L C，Levy R，et al. Rostral and caudal prefrontal contribution to creativity：a meta-analysis of functional imaging data[J]. Frontiers in Human Neuroscience，2013，7（2013）：465.

[26] Ellamil M，Dobson C，Beeman M，et al. Evaluative and generative modes of thought during the creative process[J]. NeuroImage，2012，59（2）：1783-1794.

[27] De Manzano Ö，Ullén F. Goal-independent mechanisms for free response generation：creative and pseudo-random performance share neural substrates[J]. NeuroImage，2012，59（1）：772-780.

[28] Liu S，Erkkinen M G，Healey M L，et al. Brain activity and connectivity during poetry composition：toward a multidimensional model of the creative process[J]. Human Brain Mapping，2015，36（9）：3351-3372.

[29] He W J，Wong W C. Creativity slump and school transition stress：a sequential study from the perspective of the cognitive-relational theory of stress[J]. Learning and Individual Differences，2015，43：185-190.

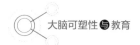

[30] Torrance E P. Education and the Creative Potential[M]. Minneapolis：University of Minnesota Press，1963.

[31] Torrance E P. A longitudinal examination of the fourth grade slump in creativity[J]. Gifted Child Quarterly，1968，12（4）：195-199.

[32] Beghetto R A. Creative self-efficacy：correlates in middle and secondary students[J]. Creativity Research Journal，2006，18（4）：447-457.

[33] Reilly R C. Is expertise a necessary precondition for creativity?. A case of four novice learning group facilitators[J]. Thinking Skills and Creativity，2008，3（1）：59-76.

[34] Simonton D K. Creative development as acquired expertise：theoretical issues and an empirical test[J]. Developmental Review，2000，20（2）：283-318.

[35] Unsworth K L，Clegg C W. Why do employees undertake creative action？ [J]. Journal of Occupational and Organizational Psychology，2010，83（1）：77-99.

[36] Madjar N，Greenberg E，Chen Z. Factors for radical creativity，incremental creativity，and routine，noncreative performance[J]. Journal of Applied Psychology，2011，96（4）：730-743.

[37] Chen Y S，Hu M C.The impact of task motivation and organizational innovative climate on adult education teachers＇creative teaching performance：an analysis of hierarchical linear modeling[J]. Bulletin of Educational Psychology，2008，40（2）：179-198.

[38] Zhou J.When the presence of creative coworkers is related to creativity：role of supervisor close monitoring，developmental feedback，and creative personality[J]. Journal of Applied Psychology，2003，88（3）：413-422.

[39] Lindauer M S. Aging，Creativity，and Art：A Positive Perspective on Late-Life Development[M].New York：Kluwer Academic and Plenum Publishers，2003.

[40] Hui A N N，Liang E. Creativity as a reserve capacity in older adults and a virtue in positive psychology[C]//The Second China International Conference on Positive Psychology. Beijing，China，2012.

[41] Hui A N N. Creativity and leisure：an activity and engagement perspective[J]. Journal of Nutrition，Health and Aging，2003，17：125.

[42] Cohen G D，Perlstein S，Chapline J，et al. The impact of professionally conducted cultural programs on the physical health，mental health，and social functioning of older adults—2-year results[J]. Journal of Aging，Humanities，and the Arts，2007，1（1-2）：5-22.

[43] Ward T B，Patterson M J，Sifonis C M. The role of specificity and abstraction in creative idea generation[J]. Creativity Research Journal，2004，16（1）：1-9.

[44] Liu S. Broaden the mind before ideation：the effect of conceptual attention scope on creativity[J]. Thinking Skills and Creativity，2016，22（0）：190-200.

[45] Cañ J J，Antoli A，Fajardo I，et al. Cognitive inflexibility and the development and use of strategies for solving complex dynamic problems：effects of different types of training[J]. Theoretical Issues in

Ergonomics Science，2005，6（1）：95-108.

[46] Noh J，Lee J. Effects of robotics programming on the computational thinking and creativity of elementary school students[J]. Educational Technology Research and Development，2020，68（1）：463-484.

[47] Scherer R，Siddiq F，Viveros B S. The cognitive benefits of learning computer programming：a meta-analysis of transfer effects[J].Journal of Educational Psychology，2019，111（5）：764-792.

[48] 张悦. 基于故事情境创设的编程课程对儿童兴趣和创造力的影响 [D]. 杭州：浙江大学，2022.

第 6 章

大脑可塑性与情绪能力的发展和培养

本章思维导图与关键问题 ▶ ▶

- 情绪的含义和功能是什么?

- 情绪有哪些状态?

- 情绪理论是如何演化的?

- 情绪的认知神经基础有哪些?

- 情绪会对注意产生哪些影响?

- 情绪会对记忆产生哪些影响?

- 教学实践中如何利用情绪规律开展教学?

6.1 情绪的概述

6.1.1 情绪的含义

情绪是人类在适应生存环境和实现个体发展过程中的重要心理活动。作为一种心理现象，情绪是大脑对客观现实的反映，主要包括主观体验、外部表现和生理唤醒三种成分。

主观体验是个体对不同情绪状态的自我感受，如快乐、悲伤、恐惧等。情绪体验是一种主观感受，不同人对同一刺激也可能产生不同的情绪体验。外部表现通常称为表情，是情绪状态发生时身体各部分的动作量化形式，包括面部表情、姿态表情和语调等。面部表情是所有面部肌肉变化所组成的模式，如高兴时，额眉平展、面颊上提、嘴角上翘。面部表情能精细地表达不同情绪，因此是鉴别情绪的主要标志。姿态表情是指面部以外的身体其他部分的表情动作，包括手势、身体姿势等，如人在痛苦时捶胸顿足，愤怒时摩拳擦掌等。语调也是表达情绪的一种重要形式，是通过言语的声调、节奏和速度等方面的变化来表达的，如高兴时语调高昂，语速快；痛苦时语调低沉，语速缓慢。生理唤醒是指情绪产生的生理反应。涉及广泛的神经结构，如中枢神经系统的脑干、丘脑、杏仁核、下丘脑、蓝斑、松果体、前额叶皮质，以及外周神经系统和内、外分泌腺等。生理唤醒是一种生理的激活水平，不同情绪的生理反应模式是不一样的，如感到满意、愉快时心跳节律正常；恐惧或暴怒时，心跳加速、血压升高、呼吸频率增加，甚至出现间歇性停顿；痛苦时血管容积缩小等。

6.1.2 情绪的种类

情绪分类是指人们区分或对比一种情绪与另一种情绪的方法，是情绪研究中一个有争议的问题。研究人员从两个基本观点之一来对情绪进行分类，这两个基本观点一是情绪是离散的、根本不同的结构，二是情绪可以在维度上通过分组来表征。

离散情绪理论认为，人类都具有跨文化可识别的天生基本情绪。这些基本情绪被描述为"离散的"，因为人们认为它们可以通过个体的面部表情和生物过程来区分。早在我国古代《礼记》中就有所记载，认为人有"七情"，即喜、怒、哀、惧、爱、恶、欲；《白虎通》对情绪的分类稍作调整，将其归为"六情"，去除了"欲"，更加聚焦于情感的纯粹表达；《黄帝内经》则提出了"五志"，即怒、喜、思、忧、恐。美国加州大学的保罗·艾克曼（Paul Ekman）教授和他的同事在1992年进行了跨文化研究并得出结论，六种基本情绪是愤怒、厌恶、恐惧、快乐、悲伤和惊讶，每种情绪都是一个离散的类别，而不是一种单独的情绪状态。

情绪维度理论认为情绪可以由多个维度来定义。情绪的维度模型试图通过定义情绪在二维或三维中的位置来概念化人类情绪。大多数维度模型都包含效价和唤醒或强度维

度，这些模型与基本情绪理论形成对比，后者认为不同的情绪不是简单的离散，而是分维度的连续体。1980年，美国心理学家詹姆斯·罗素（James Russell）提出了情绪的圆形模型（见图 6-1），该模型表明情绪分布在一个二维圆形空间中，包含唤醒和效价两个维度。唤醒水平代表纵轴，效价代表横轴，而圆心代表中性效价和中等唤醒水平。在这个模型中，情绪状态可以表示为任何效价和唤醒水平，也可以表示为其中一个或两个因素的中性水平。圆形模型常用于测试情绪词刺激、情绪面部表情和情感状态。同年，美国心理学家普拉奇克·罗伯特（Robert Plutchik）提出了三维模型（见图 6-2），该模型将情绪排列成同心圆，内圈更基本，外圈更复杂。值得注意的是，外圈情绪是通过混合内圈情绪形成的。三维模型和圆形模型一样，源于圆形表示，其中情绪词根据相似性绘制。虽然情绪的种类划分方式不一，但这些理论模型为我们进一步进行具体情绪研究提供了不同的思路和视角。

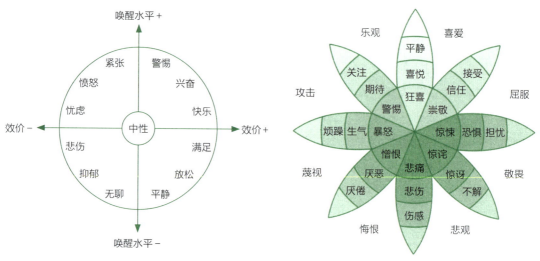

图 6-1　James Russell圆形模型　　　　　图 6-2　Robert Plutchik三维模型

6.1.3　情绪的功能

在我们的生活中，情绪并不是一种毫无目的、没有意义的伴随体验。根据进化论的观点，情绪具有一定的功能或在进化历程中起到某种作用，具体包括适应功能、动机功能、组织功能和社会功能。

1．适应功能

情绪是有机体适应生存和发展的重要途径。有机体自诞生起便本能地知晓可以通过情绪向外传递信息，刚出生的婴儿在不具备与外界进行言语交流的能力时，主要依靠情绪来传达自己的需求，比如饥饿时用哭泣来表达进食需要。在成人的生活中，情绪与人的基本适应行为有关，包括攻击行为、躲避行为、寻求舒适等。例如，当人面临危险时，恐惧情绪能迅速激发"战斗或逃跑"的反应。在面对威胁或侵犯时，愤怒情绪能激发防御性行为，保护自己不受侵犯。这些行为均有助于人的生存和成功地适应周围环境。总的来说，人通过情绪了解自身或他人的处境，适应社会的需求，以更好地生存和发展。

2．动机功能

情绪是动机的源泉之一，是动机系统的基本成分，情绪的动机功能在引导和驱动个体行为方面起着关键作用。通过正向情绪激励、负向情绪预警、目标导向、维持生理和心理平衡、行为调节等方面，情绪帮助个体更好地适应环境、实现目标和满足需求。这种动机功能不仅在日常生活中对个体的行为产生深远影响，而且在心理健康和社会适应中扮演重要角色。理解和利用情绪的动力功能，可以帮助我们更有效地管理情绪，提升生活质量和工作效率。根据耶克斯-多德森定律，适度的焦虑可以唤起警觉，集中注意力，使事情向积极的方面转化。另外，当代情绪动机理论的著名代表人汤姆金斯认为，情绪对于生理内驱力具有放大信号的作用，是行动的强大动力。如有机体在缺水或缺氧的情况下，会因体内平衡状态的改变而产生对饮水或吸氧的生理需要，即产生内驱力信号。并同时在心理上引发因缺水而产生的急迫感或因缺氧而产生的恐慌感，这种心理上的主观感受就是情绪。它们把缺水或缺氧的内驱力信号加以放大，并与之合并以驱使有机体采取补充水分或氧气的行动，如果仅有内驱力而无情绪，那么相应的行动就不可能产生。

3．组织功能

情绪的组织功能指的是情绪在协调和整合个体心理和生理状态方面的作用。情绪不仅影响我们的行为和决策，还在认知过程、社会互动以及生理反应中发挥重要的协调作用。情绪可以驱动个体采取行动，实现目标。例如，激情和兴奋能够激励个体投入创造性活动，恐惧和焦虑能够促使个体采取预防措施。在认知过程方面，情绪能够引导注意力集中在与情绪相关的信息上。例如，当一个人感到焦虑时，他更容易注意到潜在的威胁和危险。情绪状态会影响认知资源的分配。例如，积极情绪能够扩大注意范围，提高创造性思维，而消极情绪则可能促使个体集中精力解决具体问题。在社会互动方面，面部表情、语调和身体语言等情绪表达方式可以传达个体的情感状态，帮助他人理解自己的感受和意图，从而协调社会互动。通过表达和理解彼此的情绪，个体能够更好地解决冲突、消除误解，促进人际关系的和谐。在生理状态方面，积极情绪能够增强免疫功能，提高身体对抗疾病的能力，而长期的负面情绪则可能削弱免疫系统功能，增加患病风险。通过情绪反应，个体可以调节生理状态，恢复身体的平衡。例如，放松和愉悦的情绪有助于降低应激反应，促进身心健康。

4．社会功能

情绪在人与人之间具有传递信息、社会交际的功能，且无论是积极情绪还是消极情绪都存在人际传染性。美国洛杉矶大学医学院的心理学家斯梅尔经长期研究发现，原来

心情舒畅、开朗的人，若与一个整天愁眉苦脸、抑郁难解的人相处，不久后也会变得沮丧。另外，情绪通过独特的非言语信号手段实现信息的传递和人与人之间的相互了解，例如面部肌肉的运动模式、声调和身体姿态变化等，其中表情是最重要的情绪信息媒介。心理学教授艾伯特·麦拉宾提出在日常生活中，55%的信息是靠非言语表情传递的，38%的信息是靠肢体语言和表情传递的，只有7%的信息是靠言语内容传递的。语言是社会交往和人际交流的主要工具，而情绪信息的传递是语言交际的重要补充，如微笑表示赞赏、点头表示默认、皱眉表示不满等，手势、语调等能使言语表达的内容更加明确。情绪在人与人之间的社交活动中具有广泛的功能。它可以作为社会的黏合剂，使人们接近某些人；也可以作为社会的阻隔剂，使人们远离某些人。由此可见，人们所体验到的情绪，对其社会行为具有重大影响。

情绪传染的神经机制

情绪传染是指一个人的情绪状态可以通过非语言和语言交流影响他人的情绪，导致他人产生相似的情绪体验。这一现象背后有复杂的神经机制，涉及多个大脑区域和神经过程。

1. 镜像神经元系统

镜像神经元（mirror neuron）是在观察他人行为时激活的神经元，它们与执行相同行为时的神经元相同。这些神经元最早在猴子大脑中发现，随后在人类大脑中也得到了确认。当我们观察他人的面部表情、动作或姿态时，镜像神经元系统会自动激活，使我们在某种程度上能"模拟"这些情绪和行为。这一过程有助于理解和感知他人的情绪状态。

2. 杏仁核

杏仁核（amygdala）是大脑中处理情绪反应的关键区域，尤其在快速识别和应对威胁方面起着重要作用。杏仁核能够快速响应他人的情绪线索（如面部表情和语调），并触发相应的情绪反应。例如，当个体看到他人的愤怒表情时，杏仁核会被迅速激活，触发个体类似的情绪体验以帮助个体做出适应性反应。

3. 前扣带回皮质

前扣带回皮质（anterior cingulate cortex，ACC）在情绪感知和共情（empathy）中扮演重要角色。前扣带回皮质能够整合来自情感和认知的输入，参与对他人情绪的理解和反应。这一区域的活动与体验到他人的痛苦和不适密切相关，表现出对他人情绪状态的共情反应。

4. 海马

海马（hippocampus）在情绪记忆的形成和回忆中发挥关键作用。当我们观察到他人的情绪反应时，海马会帮助我们将这些情绪体验与过去的记忆相联结，从而加深对他人情绪的理解。

5. 前额叶皮质

前额叶皮质（prefrontal cortex，PFC）在高级认知功能和情绪调节中起重要作用。尤其是内侧前额叶皮质（medial prefrontal cortex，mPFC），在评估和调节情绪反应方面至关重要。它帮助我们理解和控制自己的情绪反应，以适应社交情境中的需求。

6. 体内感受系统

体内感受系统（interoceptive system）涉及对身体内部状态的感知，如心跳和呼吸等。这个系统帮助我们在与他人互动时，感知自己身体的情绪状态并做出反应。例如，当看到他人紧张时，我们的身体可能会产生相应的紧张反应。

情绪传染是一个复杂的神经过程，涉及多个大脑区域和神经系统的相互作用。理解情绪传染的神经机制，有助于我们更好地把握人际关系中的情感动态，促进社会互动的健康和谐。

6.2 情绪的不同状态

根据情绪发生的强度、持续性和紧张度，我们把情绪状态分为心境、激情和应激三种类型。

1. 心境

心境（mood）是一种持久而具有弥散性的情绪状态。比如一件让你开心的事情使你神清气爽，或者重要考试前的一周，你的心情比较焦虑等，这些都是心境的不同表现。

心境具有弥漫性，不是关于某一事物的特定体验，而是以同样的态度体验对待一切事物。当个体处在某种心境下时，其行为举止、心理活动会受到当下的心境的影响。比如一个人面试通过，获得了梦寐以求的工作，这使得他心情十分愉悦，这种喜悦之情将让他在接下来的时间充满干劲，哪怕遇到不顺心的事情也会积极面对，尽力解决，觉得周围的一切都是很美好的。反之，比如一个学生考试成绩不理想，导致出现情绪低落的心境。这可能会导致他上课状态不佳，注意力不集中，下课后无精打采，甚至对平时喜欢的事情都失去兴趣。

心境持续时间有很大差别，某些心境可能持续几小时，而某些心境可能持续几周、几个月或更长的时间。一种心境的持续时间取决于引起心境的客观刺激的性质，如失去亲人往往使人较长时间处于悲伤的心境之中；取得了重大的成就（如考上了理想的大学、身体康复、投资获利等）会使人在一段时期内处于积极、愉快的心境中。另外，人格特征也会影响心境的持续时间，同一事件对某些人的心境影响较小，而对另一些人的影响则较大。

心境对人的生活、工作、学习、健康有很大的影响。积极向上、乐观的心境，可以提高人的认知活动效率，增强信心，对未来充满希望，有益于健康；消极悲观的心境，会降低认知活动效率，使人丧失信心和希望，经常处于焦虑状态，不利于身心健康。因此，保持良好积极的心境，充分发挥情绪的积极作用是十分重要的。

2. 激情

激情（intense emotion）是一种强烈的、爆发性的、短促的情绪状态。这种情绪通常是由对个人有重大意义的事件激发的，比如取得重大成功之后的狂喜、惨遭失败后的绝望、亲人突然死亡引起的极度悲痛、突如其来的危险所带来的异常恐惧等，都是激情状态。激情往往伴随着生理变化和明显的外部行为表现，例如，盛怒时全身肌肉紧张，双目怒视、咬牙切齿、双拳紧握等；狂喜时眉开眼笑、手舞足蹈；极度恐惧、悲痛和愤怒后，可能精神衰竭、晕倒、发呆，甚至出现所谓的激情休克现象，有时表现为过度兴奋、言语紊乱、动作失调。

激情状态下，人往往会出现"意识狭窄"现象，即认识活动的范围缩小，理智分析能力受到抑制，自我控制能力减弱，进而行为失去控制，甚至做出一些鲁莽的动作或行为。在这种状态下，人们的注意力通常高度集中在某个特定的目标或情境上，而忽略了周围的其他因素。这种集中虽然可以在某些情况下提高效率，但容易导致判断失误。激情平息后，个体可能会感到异常平静、乏力，甚至出现精力衰竭、萎靡不振的情形。这是因为激情状态消耗了大量的心理和生理能量。当激情的高峰过去，身体和心灵都需要一段时间来恢复。这种情形类似于"情绪崩溃"，当所有的能量被耗尽时，留下的是虚脱的感觉。正是由于激情具有上述特征，有时会造成消极的后果。

在激情的驱使下，人们有时会一时冲动失去理智，做出令人后悔的行为举动。例如，在激烈的争吵中，一个人可能会说出伤害他人的话语，或做出伤害他人的行为，而这些话语、行为在冷静状态下是不会出现的。这种情况下，激情不仅没有带来正面的结果，反而造成了人际关系的破坏和心理上的创伤。青少年激情型犯罪就是一种由激情导致的消极行为。青少年由于处于青春期，生理和心理变化快，情绪波动较大，冲动控制能力较弱，容易在激情驱使下做出违法行为。例如，一些青少年可能因为一时愤怒或受到刺激，参与打架、斗殴，甚至做出更严重的犯罪行为。这些行为不仅对他们自身的未来造成严重影响，而且给社会带来不安定因素。

激情并不总是消极的，积极的激情在许多情况下是推动个人和集体进步的重要力量。积极的激情表现为人的情感完全投入当前的活动，令人全神贯注、热情高涨。这种情感状态在见义勇为、冲锋陷阵等特定环境中尤为突出。例如，在危急时刻，消防员不顾自身安危，奋力救人于火海；在战场上，士兵们义无反顾地冲锋陷阵，保家卫国。这些行为不仅体现了他们的勇气和决心，也彰显了积极激情的巨大力量，它使得个体能够超越平时的能力和极限，完成看似不可能完成的任务。

在日常生活中，积极的激情同样表现为对所做事情全身心投入。例如，当老师在课堂上讲课讲到高潮时，他的激情能够感染学生，激发他们的学习兴趣和参与热情。在这一刻，课堂上形成师生高度互动的氛围，知识的传递变得更加生动和有效。此外，个体在参加竞赛时，全身心地投入比赛过程，这种积极的激情使他们集中精力，潜能得到最大化发挥。另外，积极的激情还可以在创造性工作和团队合作中体现出来。例如，艺术家在创作时，完全沉浸在自己的创作过程中，这种激情使他们能够创造出充满生命力和情感的艺术品。在团队合作中，团队成员彼此激励，共同投入项目，这种激情不仅能提高工作效率，还能促进创新和突破。

激情是一种强大的情感力量，其在某些情境下能够激发潜能，推动积极的行动，但它的负面效应也不容忽视。理解激情的特征，学会有效管理激情，可以帮助个体在充分利用由激情产生的动力的同时，避免其可能造成的消极影响。

不完美的谢幕战

齐达内是法国足球巨星。在 2006 年世界杯足球赛法国对战意大利的最后决赛局上，因意大利球员马特拉齐言语顶撞，齐达内在冲动之下公然头顶马特拉齐，结果被裁判红牌罚下，如图 6-3 所示。这使得原本形势大好的法国队失去了场上的决胜优势，最终将大力神杯"拱手"让给了意大利队。这原本是他的完美谢幕战，却由于一时冲动给他辉煌的足球生涯蒙上了阴影，这样的结局难免令他的球迷扼腕痛惜。

图 6-3　齐达内谢幕战

3. 应激

应激（stress）是指人对某种意外的环境刺激所做出的适应性反应。当人们遇到某种意外危险或面临某种突发事变时，必须运用自己的智慧和经验，动员自身全部力量，迅速做出选择，采取有效行动。此时，人的身心处于高度紧张状态，这种状态即为应激状态。应激状态通常发生在出乎意料的危险情境和紧要关头，如正常行驶的汽车突然遭遇故障，突发火灾、地震等自然灾害，以及受到歹徒袭击等情况。在这些突发状况下，个

体需要迅速做出反应，以应对潜在的威胁和挑战。当这些情境对个体提出紧急要求，而他意识到自己可能无力应对时，就会体验到高度的紧张感，并进入应激状态。这种状态是人体的一种保护性反应，旨在迅速调动身体的资源以应对紧急情况。

当外在突发刺激作用于大脑时，下丘脑产生兴奋，随之引发一系列生理反应。下丘脑激活交感神经系统，促使肾上腺释放大量肾上腺素和去甲状腺素。这些激素迅速进入血液循环，增加通向心脏、骨骼肌等重要器官和肌肉群的血流量，从而提高有机体对紧张刺激的警戒能力。此时，心跳加快，血压升高，呼吸急促，肌肉紧张，体能增强，个体能够更快速和有力地做出应对反应，以适应当前的环境需求。这种应激反应是短期内对抗威胁的有效机制，能够帮助个体在紧急情况下做出快速决策和行动。然而，如果个体经常或长时间处于这一状态，则会对身体和心理健康产生不利影响。持续的应激反应会导致自身免疫力降低，增加患病的风险。长期的高水平应激荷尔蒙如肾上腺素和去甲状腺素的分泌，会对心血管系统、消化系统和神经系统等多方面产生负面影响，引发各种健康问题，如高血压、心脏病、胃溃疡、焦虑和抑郁等。

因此，虽然应激反应在紧急情况下具有重要的保护作用，但长期的应激状态对健康有害。为了维护身心健康，个体需要学会有效的压力管理技巧，如通过放松训练、规律运动、健康饮食、充足的睡眠和良好的社交支持，来减轻压力，促进身心的恢复和平衡。

创伤后应激障碍

创伤后应激障碍（post-traumatic stress disorder，PTSD）是一种心理健康障碍，通常在经历或目睹严重的创伤性事件后发生，如战争、自然灾害、严重事故、暴力袭击或其他危及生命的事件。PTSD会影响个体的情绪、思维和行为，常常引发深度心理困扰，出现功能障碍。

1. PTSD的症状

（1）侵入性症状（intrusion symptoms）。

①闪回：个体反复回想创伤事件，感觉仿佛重新经历了创伤。

②创伤性记忆：无法控制地想起创伤事件，通常伴随强烈的情感反应。

③梦魇：与创伤事件相关的噩梦。

（2）回避症状（avoidance symptoms）。

①避免回忆：刻意回避与创伤事件相关的想法、感受或话题。

②避免情境：回避与创伤事件相关的地方、活动或人。

（3）负面情绪和认知变化（negative alterations in mood and cognition）。

①记忆问题：难以记住创伤事件的重要细节。

②负面信念和期望：对自己、他人或世界持有持续的负面看法。

③情感麻木：失去兴趣和愉悦感，与他人情感联结减弱，产生明显的疏离感。

④持续的负面情绪：持续产生如恐惧、愤怒、羞耻或内疚等负面情绪。

（4）唤起和反应变化（alterations in arousal and reactivity）。

①过度警觉：持续保持警觉，易受惊吓。

②易怒和愤怒：表现出极端的愤怒情绪和过度易怒倾向，甚至出现暴力行为。

③睡眠问题：难以入睡或出现睡眠维持障碍。

④注意力问题：难以集中注意力或注意力容易分散。

2. PTSD的影响因素

（1）创伤事件的严重程度和性质：事件越严重，突发性越高，越可能出现PTSD。

（2）个体的心理和生理因素：如基因、性格特点和既往的心理健康状况等。

（3）社会支持系统：强有力的社会支持系统（如家庭、朋友等）能降低患上PTSD的风险。

（4）既往创伤经历：之前经历过创伤的人更容易患上PTSD。

6.3 情绪理论

1. 詹姆斯－兰格（James-Lange）理论

该理论是心理学领域关于情绪产生机制的一种经典理论，由威廉·詹姆斯（William James）和卡尔·兰格（Carl Lange）于19世纪末提出。这一理论的核心观点是，生理反应先于情绪体验，情绪体验是对生理反应的认知。例如，当个体受到某种情绪刺激时，身体会首先做出生理反应，例如心跳加快、肌肉紧张、呼吸加速等。个体感知到这些生理反应后，才会产生相应的情绪体验。James-Lange理论挑战了传统的情绪观，认为情绪不是直接由外部刺激引发的心理体验，而是由生理反应引发的，强调了植物性神经系统在情绪产生中的作用，因此后人也称该理论为情绪的外周理论。

虽然该理论对情绪心理学的发展产生了深远影响，但随着情绪的生理基础研究的进一步发展，越来越多的研究发现该理论忽视了中枢神经系统的控制调节作用，以及认知在情绪体验中的作用。另外，情绪的产生不仅仅是外周生理反应，还涉及复杂的大脑网络，因而该理论引起了很多的争议。

2. 坎农·巴德（Cannon-Bard）理论

该理论是20世纪初期由生理学家沃尔特·坎农（Walter Cannon）和心理学家菲利普·巴德（Philip Bard）提出的情绪理论，与James-Lange理论形成鲜明对比。该理论认为情绪体验不是由生理反应单独引发的，也不是生理反应后才产生的，而是与生理反应同时发生的独立过程，该理论认为中枢神经系统的丘脑才是真正影响情绪变化的中心系统，因此该理论也叫丘脑情绪学说。该理论强调大脑对丘脑抑制的解除，使植物性神经活跃

起来，加强身体生理的反应，从而产生情绪。该理论认为，激发情绪的刺激由丘脑进行加工，同时把信息输送到大脑和机体的其他部位，到达大脑皮质的信息产生情绪体验，而到达内脏和骨骼肌肉的信息激活生理反应，因此身体变化与情绪体验是同时发生的。

Cannon-Bard理论对情绪研究领域有重要影响，尤其对生理学、神经科学和心理学产生交叉影响。这一理论推动了研究者对情绪形成机制更深入的探索，特别是对大脑结构和功能在情绪调节中的角色有了更清晰的认识。但该理论未能解释不同情绪之间生理反应的差异性，也未考虑到个体间生理反应的多样性和情境的影响。此外，该理论较少关注认知和情境因素在情绪形成中的作用，对情绪的神经科学基础解释有限，且可能过于简化情绪形成的复杂性。这些局限性使得Cannon-Bard理论在现代情绪研究中面临挑战。

3. 阿诺德（Arnold）评定－兴奋说

该理论是由心理学家玛格达·阿诺德（Magda Arnold）于1960年提出的，认为情绪不仅仅是自动的生理反应，还包含了对情境的认知评估，为情绪研究引入了认知因素，开了认知情绪理论的先河。该理论将情绪的产生过程分解为三个阶段，分别是刺激感知、认知评估和情绪反应，个体首先感知到某种刺激或情境，然后对所感知的刺激进行认知评估，判断其对自身的意义。基于认知评估，产生相应的情绪反应。这一反应包括生理反应（如心跳加快、呼吸急促）和主观情感体验（如恐惧、愉快）。认知评估在情绪生成中起着决定性作用。阿诺德认为，不同的认知评估会导致不同的情绪。例如，当一个人面对一只狗时，如果他评估这只狗是友好的，则可能会感到愉快；但如果他评估这只狗是凶恶的，则可能会感到恐惧。

这一理论强调情绪的适应性功能，情绪不仅是对环境变化的反应，还能指导个体采取适应性的行为。这为向情绪双因素理论和认知主义理论过渡做好了准备，克服了情绪的纯粹物理理论（例如James-Lange理论）和行为主义理论（例如Cannon-Bard理论），将认知理论引入了情绪理论的研究中。

4. 沙赫特－辛格（Schachter-Singer）双因素情绪理论

史坦利·沙赫特（Stanley Schachter）和杰尔姆·辛格（Jerome Singer）于1962年提出双因素情绪理论。该理论指出，情绪的产生有两个不可缺少的因素——生理唤醒和认知评估。生理唤醒是情绪体验的第一因素，各种情绪体验都会伴随身体上的生理变化，如心跳加速、呼吸急促、出汗等。认知评估是情绪体验的第二因素，个体对生理唤醒进行解释和认知评估，并根据情境和环境信息为这种生理状态"贴标签"，从而形成特定的情绪体验。双因素理论认为生理唤醒提供了情绪的生理基础，而认知评估通过对情境的解释和评估，决定了具体的情绪体验，这为理解情绪的复杂性提供了一个整合生理和认知因素的框架。

然而，在实际实验中完全控制认知评估和生理唤醒的交互作用较为困难，且个体对相同情境的认知评估存在显著差异。另外，许多情绪反应是快速且自动化的，并未必经过显性的认知评估。情境因素、社会文化背景和个人经验也会影响情绪体验，而不同情绪所伴随的生理反应可能存在差异。尽管沙赫特和辛格的经典实验结果为双因素理论提供了支持，但后续研究中有些实验未能复制其结果，因此理论的普适性受到质疑。

双因素情绪理论经典实验

1962年，沙赫特和辛格进行了一项研究，测试人们如何利用环境中的线索来解释生理变化。他们在实验中提出了三个假设。第一，如果一个人处于一种他们无法立即解释的唤醒状态，他们会给这种状态贴上标签，并根据当时可用的认知来描述他们的感受。第二，如果一个人处于一种他们可适当解释的唤醒状态，那么他们不太可能用现有的其他认知来标记自己的感受。第三，如果一个人处于一种过去可能让他们产生情绪的情境中，那么只有当他们处于生理唤醒状态时，他们才会做出情绪反应。

参与者被告知他们将注射一种名为"Suproxin"的新药来测试他们的视力。参与者实际上被注射了肾上腺素（将导致血压、心率和呼吸增加）或安慰剂（生理盐水）。参与者被随机分为四种情况：知情（参与者被告知他们会感受到与肾上腺素类似的效果）、不知情（参与者没有被告知药物的作用）、错误告知（参与者被告知错误的药物引起的作用）和对照组（参与者被注射安慰剂并且没有被告知任何作用）。

注射后，一名实验助手会表现出愤怒或欣快的情绪，与学生互动。实验人员通过单向镜观察，并根据三类量表对参与者的状态进行评分。结果发现不知情组由于不清楚药物的真正作用，容易受到实验助手情绪的影响，并相应地体验到类似的情绪。而正确告知组由于知道药物会引起生理反应，倾向于将生理唤醒归因于药物，因此情绪反应较弱。因此，得出结论：情绪体验是由生理唤醒和认知评估共同决定的。生理唤醒提供了情绪的生理基础，而认知评估通过对情境的解释和评估，决定了具体的情绪体验。没有明确认知标签的生理唤醒会导致个体通过观察周围环境和情境来解释其情绪，从而产生相应的情绪反应。

5. 拉扎勒斯（Lazarus）认知－评价理论

该理论由心理学家理查德·拉扎勒斯（Richard Lazarus）提出，强调情绪体验是由个体对环境事件的认知评价所决定的，即情绪体验是对情境的主观解释和评估的结果。拉扎勒斯认为情绪是由个体对情境的认知评价（cognitive appraisal）引发的。认知评价分为两个阶段：初级评价和次级评价。初级评价是对刺激的初步判断，主要涉及对刺激是否有益或有害的评估。次级评价则是对应对资源和能力的评估，决定个体如何应对这一刺激。根据两次评价的结果，个体会产生相应的情绪反应。例如，你即将在100位老师、

同学面前发表演讲，首先你想到："我从来没有在这么多人面前演讲，一定会出丑的。"接着，就可能出现口干舌燥、心跳加速、手心出汗、双腿颤抖的状况，此时你便体验到了恐惧的情绪。

拉扎勒斯认知-评价理论强调情绪体验是由个体对情境的认知评价决定的，提供了一种将认知过程和情绪体验相结合的框架。尽管存在主观性和复杂性等局限，但该理论在理解情绪的生成和应对机制方面具有重要影响，推动了情绪心理学的发展。

6.4 情绪调节及其过程

情绪强烈地影响着我们与周围世界的互动，为了更好地适应和应对生活中的各种情境，我们需要学会如何处理情绪。理解自我和他人的能力，调节情绪、注意力和行为，做出正确的决定，并参与一系列亲社会行为，是近年来教育界所关注的社会情感学习内容，也是影响学业成就的重要因素。2015 年，联合国教科文组织在巴黎总部通过并发布了《教育 2030 行动框架》，文中提及了十余项可持续发展项目，明确指出：教育既不能忽视认知能力的培养，又要重视陶冶社会情感能力，提升情绪调节能力。学习是嵌在社会环境中的，当学生能够了解自己和他人、准确地吸收社会信息以做出正确的决定、成功地互动并规范行为时，许多课堂学习任务就会变得更加容易。这样的学生，很可能拥有朋友和运转良好的社交世界，也拥有更多的个人资源，有助于其专注地投入学习。

Gross 等人提出了情绪调节过程模型[1]，如图 6-4 所示。该模型认为，情绪调节是一个伴随着情绪产生全过程的连续动态过程，情绪是随着时间按照情境（situation）—注意（attention）—评价（appraisal）—反应（response）的顺序展开的，不同的情绪调节策略发生在不同的时间点。因此，情绪调节的过程可以分为五个部分：①情境选择（situation selection），例如，一个人可能选择参加一个令人愉快的聚会来改善心情，或者避免参加可能引发焦虑的活动；②情境修正（situation modification），例如，在一个可能引发压力的会议中，个体可能会通过提前准备或者带上朋友来减少压力感；③注意部署（attention deployment），例如，当面对令人不愉快的情境时，可以通过专注于积极的方面或转移注意力到其他活动来减少不适感；④认知改变（cognitive change），例如，通过重新评估一个失败的经历为学习机会，而不是纯粹的挫折，可以减少负面情绪；⑤反应修正（response modulation），例如，通过深呼吸、放松训练或者抑制愤怒来控制情绪表达。这些随着时间展开的策略又可以简化为两种情绪调节类型。第一种类型是先行关注（antecedent-focused）的情绪调节策略，它在情绪产生的时间进程上出现较早，典型代表为认知重评策略。第二种类型是反应关注（response-focused）的情绪调节策略，它出现的时间较晚，一般出现在情绪反应完全激活之后。表达抑制策略常被用来抑制已经完全激活的情绪反应。

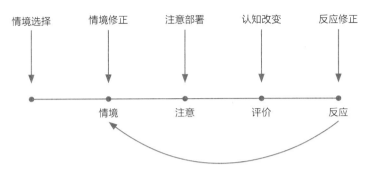

图 6-4　Gross 等人提出的情绪调节过程模型

青春期是人生中面临各种情感挑战的时期，例如，面临新的学业或工作压力，同伴、恋人的重要性日益增加，对家庭支持的依赖减少等。因此，青春期也是焦虑症和抑郁症新发的危险期，这些精神疾病长期以来一直与积极和消极情绪调节的破坏有关。当前的理论重点关注青春期前额叶皮质、纹状体和杏仁核之间的活动和连接的成熟，这些理论模型提出，加强前额叶对情绪反应皮质下区域的控制可以增强调节负面情绪（特别是恐惧）和管理冲动倾向的能力。而正常的青少年神经发育中，支持情绪调节的前额叶区域的成熟落后于参与情绪生成的边缘系统，前额叶皮质在规划、决策和抑制冲动行为等高级认知功能中起着关键作用，而边缘系统则主要负责处理情绪反应和奖励机制，因此青少年在情绪调节和冲动控制方面往往面临更多的挑战和困难。随着年龄的增长，杏仁核对情感刺激的反应性下降，同时背内侧前额叶皮质反应性增加。这意味着随着青少年逐渐成熟，在面对情绪刺激时，前额叶皮质对情绪反应的调控能力增强，从而更好地管理负面情绪和冲动行为。这种神经发育的变化不仅促进了情绪调节的能力，也对青少年逐渐过渡到成年期的情绪稳定和心理健康具有重要意义。

6.5　情绪的认知神经基础

6.5.1　相关脑结构

情绪的产生和调节涉及多个脑结构，这些结构相互作用，共同构成情绪的神经基础。情绪通常被理解为大脑皮质和皮质下特定区域的活动：皮质下结构（尤其是杏仁核）对情绪的即刻反应至关重要，大脑皮质（特别是额叶皮质）对皮质下结构起重要的调节作用。高级皮质可能将外周的反应和各种感知觉传入的信息、以往的学习经验等进行整合，产生情绪的内部体验。自 20 世纪 50 年代以来，许多研究表明，情绪是由前额叶皮质、杏仁核、海马、前部扣带回等脑区构成的脑回路控制，它们整合加工情绪信息，并产生情绪体验和行为的驱动力。1952 年，美国神经科学家保罗·麦克莱恩（Paul MacLean）提出了"边缘系统"（Limbic System）理论，为理解情绪的神经基础提供了重要框架。边缘系统是高等脊椎动物中枢神经系统中，由古皮质、旧皮质演化形成的脑组织及其相关

联的神经结构和核团组成的复合动能系统。其结构包括嗅球、海马、海马旁回、杏仁核、下丘脑、扣带回和穹隆等。

1. 情绪与前额叶皮质

前额叶皮质是大脑皮质的一个重要部分，位于额叶区域的前部，参与高级认知活动，包括决策、计划、社会行为、冲动控制和情绪调节。前额叶皮质可以进一步分为多个功能区，每个区域在情绪调节中扮演不同的角色。背外侧前额叶皮质参与认知控制、工作记忆和计划行为，帮助个体通过认知重评等策略调节情绪。腹内侧前额叶皮质与情绪评估和决策相关，在情绪和奖励处理、社会行为调节中起重要作用。腹外侧前额叶皮质涉及情绪的表达和抑制，帮助个体抑制不适当的情绪反应。前扣带回皮质涉及情绪冲突监测和情绪调节，帮助个体在情绪冲突中做出适当的反应。Wang 等人的一项神经心理学研究发现，双侧前扣带回皮质和右侧杏仁核部分毁损患者对情绪面孔的辨认能力，尤其是对恐惧面孔的辨认能力明显低于对照组[2]。该研究结果揭示了前扣带回皮质在情绪认知（尤其是恐惧情绪）中的作用。

前额叶皮质通过与其他大脑区域的连接，尤其是与边缘系统（如杏仁核、海马）的互动，调节情绪反应。例如，通过激活背外侧前额叶皮质，个体可以对情绪刺激进行认知重评，改变对情境的看法，从而减少负面情绪；腹外侧前额叶皮质帮助抑制不适当的情绪反应，通过与前扣带回皮质和杏仁核的连接，降低情绪反应的强度；腹内侧前额叶皮质在情绪生成和评估中起关键作用。它通过与杏仁核的连接，评估情绪刺激的价值和重要性。总的来说，前额叶皮质在情绪调节中扮演着关键角色，通过与边缘系统的互动，帮助个体管理和调控情绪反应。

2. 情绪与杏仁核

杏仁核是颞叶前部的皮质下结构，是边缘系统的一部分，它通过纤维束与视听觉皮质、前额叶皮质、岛叶、部分海马及纹状体等都通过纤维束相联系。一些研究者提出，杏仁核可能是情绪系统觉察外部刺激的结构，也就是说杏仁核能对引起情绪的刺激特征或程度进行觉察和评价。拉扎勒斯认为，当外部情境对于个体具有危险或愉快等特定意义时，杏仁核能够迅速且无意识地对这些刺激进行自动整合与加工，进而即刻引发情绪反应，而无须等待大脑皮质进行进一步的分析与评价。

神经影像学研究进一步表明，杏仁核主要参与负性情绪的加工，与恐惧密切相关。研究表明，双侧杏仁核是对情绪认知负责的重要结构。1994 年，Adolphs 等人观察了一例大脑杏仁核双侧性损伤的女患者，发现她智力正常，能够正确辨认照片上的熟人，但不能理解照片上人们各自的表情[3]。但谈论到人类的面部表情时，她知道高兴、悲伤和厌恶，但不能很好地表达什么是担心、恐惧。说明双侧杏仁核损伤会导致个体产生对恐惧面孔的识别和情绪强度等级划分的障碍，双侧杏仁核参与情绪的加工，尤其在恐惧面孔的认知中起重要作用。

3．情绪与下丘脑

下丘脑位于大脑底部，与大脑皮质相比较小，但功能非常关键。主要负责调节和控制许多自主神经系统的活动，以及调节内分泌系统激素的分泌。下丘脑通过自主神经系统来进行非情绪调节：温度太高时，它激活汗腺，温度过低时，它使血管收缩，减少热量损耗；在个体运动时，它会使机体呼吸加快而吸进更多的氧气，从而使机体释放更多的葡萄糖进入血液，心脏跳动更快、更强，以运输这些物质。当下丘脑探测到体内失衡时，便会启动这些改变。另外，杏仁核和眶额叶皮质的一些输出被引导至下丘脑，下丘脑支持个体启动对这些环境事件产生的自主反应。

下丘脑控制的内分泌系统有相似的灵活性。在下丘脑探测到个体的血压过低时，它会指挥脑垂体释放一种抑制尿液生成的激素，即抗利尿激素，这种激素会使肾脏重新吸收液体而不是将液体排到膀胱。不过，随着心理压力的持续增加，下丘脑将引导垂体释放皮质醇。因此，在我们经历强烈情绪期间，下丘脑是控制身体改变的关键脑区，指导自主神经系统的"战斗或逃跑"反应以及应激激素的释放。另外，下丘脑参与调节并促进愉悦情绪的神经递质释放，如多巴胺和内啡肽，这些化学物质能够触发快乐的感受，与积极情绪体验和奖励机制的运作密切相关。因此，下丘脑对个体情绪状态的调节不限于负性情绪，还涉及对积极情绪的调控和促进。

4．情绪与基底神经节

基底神经节是大脑深部的一组神经核团，主要包括尾状核、苍白球和壳核等。基底神经节不仅和运动皮质有丰富的联系，与额叶和边缘系统皮质之间也有广泛的神经纤维联系。基底神经节接受来自边缘系统中的杏仁核、海马等结构传入的信息，并且将信息投射到运动系统的皮质、皮质下和脑干等脑区。基底神经节损伤不仅可导致运动功能失调，也可导致产生情绪认知过程障碍。临床发现，基底神经节退化的患者自发地呈现面部表情减少的倾向，与人交往时也难以用言语和表情进行沟通。Cohen等人研究发现，基底神经节损伤的中风患者有类似的面部情绪和声音表达缺陷，而且对情绪刺激的理解也有困难[4]。

盖奇不再是盖奇

1848 年，时年 25 岁的包工头菲尼亚斯·盖奇，正在村里修建铁路。当他正用一根铁条往石洞里填塞炸药时，意外发生了。轰的一声发生了爆炸，那根长 90 厘米、直径为 3 厘米、重达 6 公斤的铁条直接从他的左颊进入脑部，穿过了他的头颅，在他前侧头颅穿出了一个大窟窿，接着飞到 25 米开外的空地上。当时的景象惨不忍睹，但是更让人难以置信的是，盖奇休养了一段时间后恢复了意识！

就在人们感慨盖奇实在是太幸运的时候，大家却发现：从前那个模范工人盖奇不

见了，取而代之的是一个粗野、任性、喜怒无常的人，并且无法与周围的人建立正常的关系。人们都说，这个人已经不再是盖奇。受伤之后，虽然盖奇又活了12年，但身边的人始终无法将他与之前那个为人和善的盖奇联系起来。

6.5.2 情绪与注意

情绪能有效地调节注意力，情绪化的刺激（如恐怖的面孔、快乐的笑脸）往往比中性刺激更容易捕捉注意力。神经影像学研究表明，相对于中性刺激，人们对情绪刺激的反应增强，包括愤怒或恐惧的面孔、威胁性话语、令人厌恶的图片和恐惧刺激。当我们面对情感视觉刺激时，大脑中专门处理这类信息的区域（如梭状回面孔区），以及与视觉处理相关的后枕骨和顶骨区域，都会显示出增强的脑活动。另外，奖励等能引发正面情绪的刺激，也能有效吸引注意力。Izuma等人研究了积极的情绪反馈对注意捕获的影响，发现积极的情绪反馈激活了大脑中会对金钱奖励产生反应的奖励回路，特别是纹状体，这说明积极的情绪对注意捕获具有正向影响[5]。

情绪会影响个体加工特定刺激或任务时的注意维持能力。积极情绪可能会延长积极任务中的注意维持时间，提升个人对任务的投入度。消极情绪则可能导致注意力分散和任务表现下降，因为个体可能会更关注潜在的威胁或负面后果。

情绪状态可以影响注意资源的分配方式。例如，消极情绪会导致注意资源被过度分配给潜在的威胁性信息，忽略其他信息。积极情绪则可能提升加工环境中信息的开放性和灵活性，提升创造性思维。

情绪状态还会影响个体在不同任务或刺激之间切换注意的能力。高唤醒情绪如愤怒或兴奋，可能会导致注意很难从一个任务切换到另一个任务。低唤醒情绪如平静或满足，可能有助于个体灵活地在不同任务之间切换注意。因此，Anderson等人并不建议选择情感色彩过于强烈的学习材料，他们发现，在学习阶段与积极情绪建立强联结的刺激在测试阶段有可能成为分心物，导致人的注意力被分散，影响对目标刺激的反应[6]。同样地，即使是与中性情绪建立弱联结的刺激也会在测试阶段产生一定的干扰影响。这些分心物不仅影响人的行为表现，还会引起大脑中基底神经节和视觉皮质的神经活动增加，说明这些区域在处理此类刺激时更加活跃。

6.5.3 情绪与记忆

情绪会对记忆产生影响，我们总是会记住那些让我们产生强烈情绪的事件。比如快乐的经历，可能会使个体更容易记住与之相关的信息，因为积极情绪通常伴随较高的唤醒水平。消极情绪能够促使个体对事件的细节表现出高度的敏感性，进而增强对相关经历的记忆。这一现象是生物在长期进化过程中形成的重要自我保护机制。情绪会通过神经传导和激素分泌影响大脑的功能，尤其是大脑中的海马和前额叶皮质。海马是记忆形成和巩固的关键区域，而前额叶皮质负责高级认知活动和情绪调节。研究发现，当消极情绪被引发时，皮质醇的过度分泌会损害海马的神经元，干扰记忆的编码和巩固过程。在记忆的编码阶段，积极情绪因具有较高的唤醒水平而能够使人记住与之相关的信息。消极情绪则会使个体难以集中注意力，从而影响信息的有效记录。在记忆储存阶段，高唤醒情绪（如强烈的恐惧或兴奋）可以增强记忆，使记忆更持久和清晰，而持续的消极情绪会干扰神经元的连接，使得信息难以转化为长期记忆。在记忆提取阶段，情绪一致性效应和情绪状态依赖性效应是两个重要现象。情绪一致性效应是指个体更容易提取与当前情绪状态一致的记忆。例如，当一个人感到高兴时，更容易回忆起过去的快乐事件。情绪状态依赖性记忆是指记忆在提取时更容易与编码时的情绪状态相匹配。例如，如果某人在悲伤时学习了某些信息，那么他在再次感到悲伤时会更容易回忆起这些信息。研究发现，消极情绪可能导致个体在需要回忆信息时出现提取困难，这在考试等高压情境中尤为明显。

在现代社会中，压力已经成为人们生活的一部分。研究发现，学生在压力状态下通常伴随消极的情绪体验，导致对课堂上的负面事件产生更强烈的记忆，例如考试失败、尴尬的经历或人际冲突（例如欺凌），这些强烈的负面记忆可能会导致学生产生持久的挫败感以及对学校和社会的消极态度。另外，Vogel等发现，压力还会阻碍记忆的更新，并导致个体从灵活的"认知"学习形式向僵化的"习惯"行为的转变，如图6-5所示[7]。

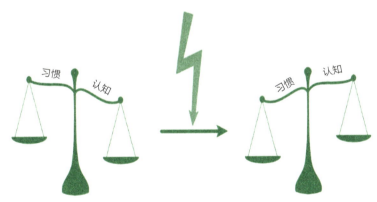

图6-5 压力对于学习记忆的影响

注：闪电图标代表压力情境。

另外，压力除了引发消极情绪影响记忆外，其出现的时间、强度等因素，对记忆也会产生不同的影响。例如，在课堂上，如果学习前30分钟感受到压力，会损害记忆的形成，而紧跟在新内容呈现之前或之后不久的压力则会增强随后的记忆性能。与此形成鲜明对比的是，对内容记忆提取前的压力会损害对先前学到的信息的回忆，似乎还会损害将新信息整合到现有知识结构中的能力（见图6-6）。因此，教师应引导学生进行新旧知识的整合，及时协助学生更新概念。

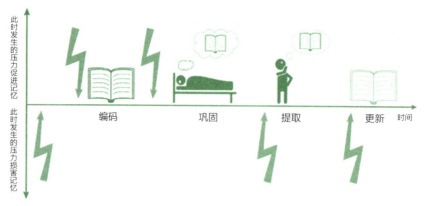

图 6-6　压力出现的时间会调节其对学习记忆的影响

注：闪电图标代表压力情境。

压力系统知多少

Vogel 和 Schwabe 专注于研究压力对于个体的影响。在压力情境下，对情况的评估至关重要，因为它决定了个体随后的反应。如果某种情况被评估为有压力，人体就会启动一系列生理和内分泌变化，以重新建立体内平衡并促进长期适应性发展。这种应激反应非常复杂，涉及众多介质，但有两个主要的应激系统对于学习和记忆过程的调节至关重要，即快速的自主神经系统（autonomic nervous system，ANS）和较慢的下丘脑–垂体–肾上腺轴（hypothalamic-pituitary-adrenal axis，HPA），如图 6-7 所示。

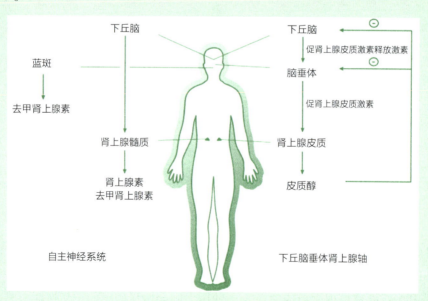

图 6-7　压力事件下的两种应激系统及响应通路

当遇到压力时，自主神经系统（图 6-7 左边部分）会在几秒钟内被激活，肾上腺髓质和脑干中的蓝斑释放儿茶酚胺（例如去甲肾上腺素）。儿茶酚胺与"战斗或逃跑"反应有关，但它们也对注意力、工作记忆和长期记忆产生深远的影响；稍慢一些，下丘脑－垂体－肾上腺轴（图 6-7 右边部分）被激活，下丘脑释放促肾上腺皮质激素释放激素，刺激垂体前叶分泌促肾上腺皮质激素。肾上腺皮质激素反过来会导致肾上腺皮质产生皮质醇并将其释放到血液中。皮质醇在压力发生后约 20~30 分钟达到峰值浓度，并进入大脑，影响认知和行为。皮质醇对垂体、下丘脑和其他大脑区域（例如海马）的反馈可防止系统过度调节。

6.6　培养情绪能力的教育策略和方法

通过前面内容的学习，我们掌握了情绪的含义和神经基础，了解了情绪对于个体注意、记忆等认知方面的影响。大量实验证据表明，个体生命早期是其社会情绪学习与发展的关键时期。大部分儿童会在家庭、学校和社会中学习如何表达和调节自己的情绪，理解他人的情绪。接下来，笔者将结合现有研究，在教育情境下，考察情绪对学习能力的影响与教育启示，为进一步培养学生情绪能力、提高学习效率提供科学依据和实践指导。

1. 选择含有适当情感成分的教学材料

学生学习新知识的同时伴随着遗忘，为了尽可能地减少遗忘，应注重教学内容与材料的选用。研究结果表明，情感材料通常比中性材料更容易被记住。在学生学习新知识时，为增强之后的记忆，可以适当添加情感成分（主要添加积极的情感成分）。例如，可以在课堂学习期间对学生进行明确的积极言语强化。此外，对于课上选用的学习材料不仅应关注其内容本身，还应注重将其融入情感背景，通过与学生及其日常生活建立更深层次的联系，促进学生对学习内容的理解。但也要注意，强烈的情绪可以在简单的学习条件下提升学习表现，但在困难的学习条件下，强烈的情绪会对学习成绩产生负面影响。

2. 科学地施加压力

如前所述，压力出现的时间、强度等会对记忆产生不同的影响。上课前学生体验到压力并不利于接下来的课程学习，但边学边提醒学生学习内容的重要性，施加一定压力，则有利于增强记忆。另外，临近考试的压力（如考试焦虑）会损害对先前学到的信息的回忆，这可能会直接影响考试成绩。因此，在教育中，我们应该认识到，需要经常基于新事实或概念来更新现有的知识，越来越多的证据表明压力可能会干扰知识的更新。因此，由于新信息往往必须与现有知识融合与连接，因此压力可能有损学习效果。为了抵消压力对记忆检索和更新的负面影响，应尽可能避免在考试前或在学习新内容之前施加

过大的压力；而在学生即将开始学习新内容前和刚学习完新内容后，可适当施加考查压力，有利于学生记忆的形成。

3. 合理安排考试

压力可能对记忆形成、检索和更新产生影响。学生在学校学习的内容通常以考试的形式进行测试，从某种意义上说，作为常规评估手段，考试成了轻度急性压力源。考试会提升学生的唤醒状态，作为一种轻度急性压力源，可能会影响另一个正在进行的记忆形成过程。研究表明，虽然通过考试教师能够了解学生对学习内容的掌握情况，但其并非无害。它有可能导致学生大脑对那些与考试内容不相关的信息的接收减少。因此，教师应注意考试对同一天内其他内容学习的副作用，若同一天既学习了重要的新内容，又对以往知识进行了考试，则很有可能会削弱学生对新知识的记忆和学习，因此应注意合理安排考试时间。另外，压力对记忆检索的损害影响相当持久，因此考试之前产生压力仍然可能影响考试的表现。所以，家庭矛盾频发或经常发生压力性生活事件的学生在考试前可能需要特别注意调节，以减少压力的影响。

4. 使用人工智能技术促进学生的社会情感学习

人工智能技术正在逐步融入教育领域，尤其是在促进学生的社会情感学习（social and emotional learning，SEL）方面展现了巨大的潜力。通过先进的数据分析和搭建个性化学习平台，人工智能可以为学生提供更精准和有效的社会情感学习支持。

首先，人工智能可以通过情感识别技术实时分析学生的情绪状态。这些技术利用面部表情识别、语音情感分析和生理信号检测等方法，能够准确地判断学生当前的情绪反应。这种实时反馈可以帮助教师及时了解学生的情感需求，进行个性化的情绪支持和指导。例如，当学生在课堂上表现出焦虑或困惑时，系统可以提醒教师给予更多的关注和鼓励，帮助学生舒缓情绪，提升课堂参与度。其次，人工智能驱动的个性化学习平台可以根据学生的情感和行为数据，提供个性化的社会情感学习内容。这些平台通过分析学生的学习习惯、互动模式和情感反应，设计出针对性的学习活动和练习。例如，针对情绪调节能力较弱的学生，平台会推荐相关的认知训练和情绪管理课程，帮助学生逐步提升自我调节能力。同时，系统可以跟踪学生的进步情况，不断调整学习内容，确保学习效果最大化。此外，人工智能还可以通过虚拟角色和模拟环境，提供安全的社会情感实践空间。学生可以与虚拟角色进行互动，练习社交技能、情绪表达和问题解决能力。这些虚拟角色可以模拟真实的社会情境，让学生在互动中逐步掌握有效的社交策略和情感处理方法。同时，虚拟环境的安全性使得学生可以无压力地进行尝试和练习，逐步增强自信心和情感管理能力。

人工智能技术不仅能提升学习的个性化和针对性，还能为学生提供丰富的实践机会，促进学生的社会情感学习。

5．提高情绪调节能力

压力在学习中无所不在，压力会引发情绪问题，对学习能力和效果产生影响。因此，学会及时有效地调节情绪，对于提高学习效率，缓解学业压力具有重大意义。以往研究证实，情绪调节能力有一个很长的发展过程，可以通过外部的训练和教育干预来提高个体的这种能力。

1）培养认知重评策略

潜在的压力事件并不一定会导致压力反应，个人对情况的评估和应对策略决定了是否会激活压力系统。这种对评估和应对的依赖可以解释为什么有些人更少受到压力环境的影响。在学生面对负性事件或情绪时，鼓励学生多采取认知重评的情绪调节策略，对负性事件或情绪进行积极的认知重评能够有效降低负性情绪。"认知重评"是通过重新解释环境或应激情境的意义来改变情绪体验的调节策略，属于一种基于前因导向、先行关注的积极策略。当个体处于应激情境或不利条件下时，认知重评能决定并指导认知行为，合理的情绪应对策略可避免个体长期处于不适状态，从而激发认知活动，维持意志行为。例如，通过使用简单的自我陈述"我很兴奋"，将焦虑重新评估为与兴奋一致的情绪。有证据表明，这些类型的重新评估技术可以导致短期的变化。如有研究发现，当数学测试被重新定义为挑战而不是威胁时，大学生和高中生表现出更出色的学业表现。神经影像研究探测了使用认知重评的神经基础，研究者们发现，在使用认知重评策略进行情绪调节时会激活前扣带回，有助于调节负性情绪，有利于个体的身心健康。

2）实施正念训练

Kabat-Zinn 于 1994 年提出了正念的概念，将其定义为"以一种有目的的、在当下、不带评判的特定方式集中注意力"[8]。正念干预对情绪健康具有积极作用，能够促进青少年的情绪健康发展和提升学生的情绪调节能力。基于正念的干预措施逐渐被应用于学校，以改善儿童的行为、认知、情绪和心理健康状况，并在减少抑郁和焦虑方面显示出显著成效。

神经影像学研究进一步支持了正念干预的效果，表明其能够引起大脑某些区域功能和结构的变化，这些变化主要集中在与注意系统和情绪调节相关的脑区。有研究比较了健康对照组与长期从事正念冥想练习的冥想者（来自不同冥想传统）的脑部特征，发现长期冥想者的大脑在海马、右前岛叶、眶额叶皮质、前扣带皮质、左颞极、左额回、右额沟、胼胝体和脑干区域的结构在磁共振成像上发生了显著变化。这些发现进一步揭示了正念练习对大脑结构和功能的深远影响。

一般而言，具有负性情绪的学生，其学习成绩很难达到优秀水平，而研究发现，个体通过正念训练觉察，感知头脑中的情绪、想法，关注当下思维、情感的变化，减少头脑中意识的自动化与习惯化反应，可渐渐地消除对负性情绪产生的自动化评价，有效减

少个体的负性情绪。此外，一项使用机器学习结构模式识别分析的研究估计，冥想者的大脑比匹配的对照受试者年轻 7.5 岁。也有研究表明：正念与负性情绪呈显著负相关，能有效提升心理健康水平。以正念为核心的训练对考试焦虑、学业拖延、自我控制能力等方面均有积极影响。因此，开展正念训练，能够削弱学生的负性情绪，进一步提升其学业成绩。

正念呼吸练习

【目标】提高注意力、减少焦虑、增强情绪调节能力

【时间】大约 10 分钟

【步骤】

1. 准备工作

找一个安静、舒适的地方坐下，双脚平放在地面上，双手放在腿上或膝盖上，保持脊椎挺直，放松肩膀。

2. 设定意图

闭上眼睛，或者轻轻凝视前方。花几秒钟时间设定一个意图，例如"我将全心全意地关注我的呼吸"。

3. 专注于呼吸

开始注意自己的呼吸，不需要刻意改变呼吸的节奏或深度，只是观察每一次吸气和呼气的过程。感受空气通过鼻孔进入，充满肺部，然后慢慢呼出。

4. 身体扫描

随着呼吸的进行，将注意力依次放在身体的不同部位，从头顶开始，逐渐向下移动到脚趾。感受每个部位的放松和紧张状态。如果发现有紧张的地方，尝试通过呼吸让它放松。

5. 面对分心

在这个过程中，你可能会发现你的注意力被一些思绪或外界的声音分散，这是正常的。当你意识到自己分心了，不要责备自己，而是温和地将注意力重新带回到呼吸上。

6. 结束练习

经过大约 10 分钟后，慢慢地将注意力从呼吸和身体扫描中带回来。动一动手指和脚趾，轻轻睁开眼睛。如果时间允许，可以花几分钟记录练习后的感受和任何令你记忆深刻的扫描体验。

建议：

（1）定期练习。每天或每周定期进行这项练习，可以帮助你更好地应对压力，增强注意力。

（2）记录感受。在正念练习后，写下你的感受和注意到的变化，有助于追踪你的进步。

（3）逐渐延长练习时间。随着对练习慢慢熟悉，逐渐延长练习时间，达到15~20分钟。

通过这项简单的正念呼吸练习，可以帮助你在日常生活中更好地管理情绪，提升学习效率，促进整体心理健康。

6．重视个体差异

美国心理学家、教育家布鲁纳（Bruner）在1960年出版的《教育过程》一书中写道："学习的最好刺激就是对所学材料的兴趣。"对于学生来说，真正能引发积极情绪体验的教学内容，首先应能够引发学生兴趣。但不同的学生兴趣不同，因此教师了解学生的个体差异非常重要，这有助于制定个性化的教学内容。教师可充分利用情绪对记忆的有益影响，减轻压力和强烈情绪反应可能导致的认知障碍。有些在恶劣环境中成长的儿童可能会发展出在高逆境中解决问题的典型甚至增强的技能，为发挥他们的优势而量身定制的学习任务可能会更有效。另外，每个学生的成长经历不一样，承受压力的水平也不一样。例如，长期暴露于压力下、被虐待或忽视的儿童可能会难以调节他们对信息的情绪和行为反应，他们对负面情绪的容忍度较低，可能会采用更多非适应性情绪调节策略，如沉思、表达抑制和对痛苦的冲动反应，这会阻碍他们的情绪处理，这些反应模式可以持续存在并表现为成年期的情绪失调。了解个体间的差异，针对不同的学生施加不一样的压力，这样才能更好地提高学生的学习兴趣，增强学习动机，提高学习效率。

7．体力活动为青少年健康成长赋能

加强体育锻炼，有益于青少年增强体质，提升社会适应性。世界卫生组织建议5~17岁人群每天至少进行60分钟的中度至剧烈体力活动，体力活动对于认知、运动和社交技能的发展以及良好的肌肉骨骼健康至关重要。众多研究证实，儿童和青少年可以从体力活动中获得许多身体健康益处，包括改善体质、心血管功能、代谢功能和骨骼健康，例如，接触新鲜空气、自然光，进行社交互动，课间休息等，参加团队运动还可以得到社会支持并减小社会心理压力，缓解负性情绪。体力活动还可以影响个体对压力事件的情绪加工过程，通过改变青少年与压力相关的生理机能有益于青少年的认知功能。另外，运动还可以改善情绪压力下的主观评价，进而帮助个体迅速脱离负性情绪，缓解心理焦虑，提高情绪调节能力。

另外，体力活动可以使青少年大脑保持适当的紧张状态，可以改善执行功能，进而影响抑制、工作记忆和认知灵活性。一项元分析结果表明，体力活动与认知（尤其是执行功能）之间存在显著的正相关关系。因此，许多研究表明，体力活动不仅对学习是有

益的，并且能够帮助学生有效应对压力。

6.7 教育案例和分析

利用情绪注意偏向提高学生学习效率

一、案例背景

在一堂语文课上，教师希望通过情绪注意偏向策略，提升学生对古诗文学习的兴趣和记忆效果。教学内容是唐代诗人王之涣的《登鹳雀楼》及其背景。这首诗在学生的课本中被视为经典，但由于缺乏情感投入，许多学生对其学习感到枯燥乏味。教师计划利用情绪注意偏向策略，通过激发学生的情感反应，帮助学生更好地理解这首诗的深刻意义并提升学生的记忆效果。

二、目标

情感目标：激发学生对《登鹳雀楼》及其背后历史文化的情感共鸣，提高学生学习兴趣。

知识目标：让学生掌握《登鹳雀楼》的诗歌内容、艺术特色及其历史背景。

认知技能目标：提高学生的注意力集中度，并促进学生对这首诗的深度理解和记忆。

三、教学流程

1. 导入阶段（5分钟）

教师播放一段关于王之涣的短视频。视频内容包括王之涣的生平、他所生活的时代背景以及这首诗创作的历史背景。选择的片段具有感情的冲击力，例如描绘当时人们艰苦的生活和王之涣的奋斗精神。

提问："看完这个视频，你们对于王之涣的生活背景有什么感受？你们觉得他为什么要写下这首诗？"

2. 情绪激发与注意偏向（10分钟）

教师分享一个关于王之涣的真实历史故事，如他如何在艰难的环境中坚持写作，或他与朋友之间的深厚情谊。通过生动的语言和感人的故事，教师试图唤起学生的情感共鸣。

提问："你们觉得王之涣在那样的时代背景下，写出这样一首诗，表达的情感是怎样的？"

3. 知识讲解与情感关联（15分钟）

教师开始讲解《登鹳雀楼》的具体内容和艺术特色，详细分析诗句中的修辞手法和象征意义。例如，讲解"白日依山尽，黄河入海流"中的意境和"欲穷千里目，更上一层楼"中的哲理。

在讲解过程中，教师不断将诗歌的内容与之前分享的情感故事联系起来，引导学生在学习诗歌的同时保持情感投入。例如，在讲解诗句时，教师提到诗人对家国命运的关切以及他如何通过这首诗表达对未来的希冀，从而激发学生对诗歌的情感共鸣。

4. 情绪注意偏向的活动设计（15分钟）

学生分组讨论并选择《登鹳雀楼》中最打动他们的诗句进行情感化的解读与呈现。要求学生不仅分析诗句的字面意义，还要从情感角度进行阐述，探讨诗句背后的历史背景和诗人情感的传达。

学生可以通过创意表达（如朗诵、情境表演、绘画等）展示他们的学习成果。教师鼓励学生用充满情感的语言和表达方式来吸引同学的注意，例如通过情感丰富的朗诵或配乐，增加学生对诗歌的情感投入。

5. 情感与知识相结合的回顾（10分钟）

教师带领学生回顾所学内容，并通过提问和互动巩固学生对《登鹳雀楼》的理解。问题设计应注重情感与知识的结合，如"你认为诗人在诗中表达的情感对你有何启发？""你怎样理解'更上一层楼'这句话，诗人想通过这句话传达什么精神？"

通过学生的回答，教师进一步强调情感在诗歌学习中的重要性，并鼓励学生在今后的学习中始终保持情感投入。

6. 总结与反思（5分钟）

教师总结本节课的学习内容，强调情绪注意偏向策略对学习效果的积极作用。

邀请学生反思："今天的学习过程让你对《登鹳雀楼》有了哪些新的认识和感受？你认为情感在学习诗歌中起到了什么作用？"

四、预期效果

情感提升：教师通过分享历史故事和情感化的诗歌讲解，预计学生的情感会得到一定的激发，尤其在对诗人背景和诗歌内涵的理解上能够产生更深的共鸣。

学习兴趣提高：通过情感化的教学方式，学生对《登鹳雀楼》这首诗的兴趣将显著提高，且能更好地投入学习。

学习效果提升：通过情绪激发与注意力集中，预计学生在学习诗歌时能够更加专注，提高对诗句内容、修辞手法及背景的记忆效果。

五、教学反思

情感激发的效果：教师是否成功通过情感故事和情感化的表达方式吸引了学生的注意力，并帮助学生进入情感学习的状态？

学生参与度：学生是否积极参与活动，表达了自己的情感和理解？他们是否能够通过活动加深对诗歌的理解？

知识掌握情况：学生在情感投入后，是否对《登鹳雀楼》的内容、艺术特色和诗人的情感表达有了更深的理解和记忆？

策略优化：情绪注意偏向策略是否有效提高了学生的注意力和学习效果？是否需要进一步调整情绪激发的强度和方式？

通过情绪注意偏向策略的教学设计，教师不仅能够有效传授古诗文知识，还能激发学生的学习兴趣和情感投入，提升他们的学习效率与记忆效果。

6.8　总结与反思

6.8.1　本章总结

（1）情绪是人类在适应生存环境和实现个体发展过程中的重要心理活动。

（2）情绪具有适应功能、动机功能、组织功能和社会功能。

（3）情绪状态分为心境、激情和应激三种类型。心境是一种持久而具有弥散性的情绪状态；激情是一种短暂而猛烈的情绪状态；应激是一种高度紧张的情绪状态。

（4）情绪理论是从生理基础发展到认知和社会影响的理解过程，每一阶段的理论都为我们提供了不同的视角。

（5）情绪调节是一个伴随情绪产生全过程的连续动态过程，情绪随着时间按照情境—注意—评价—反应的顺序展开，可分为情境选择、情境修正、注意部署、认知改变和反应修正五个部分。

（6）情绪的相关脑结构包括前额叶皮质、杏仁核、下丘脑和基底神经节等。

（7）情绪能有效地调节注意力，并产生注意偏向，人们对含有情绪刺激的信息分配更多注意资源，因此学习材料的情绪特征会对个体注意力和表现产生影响。

（8）情绪会影响记忆的编码、储存和提取。个体在压力情境下产生的消极情绪会阻碍记忆的更新，并导致从灵活的"认知"学习形式向僵化的"习惯"行为的转变。

（9）遵循情绪规律实施教育策略，能够帮助学生提升学习效率，促进社会情感能力的发展。

6.8.2　反思内容

（1）情绪是一种怎样的心理现象？

（2）情绪的社会功能在教学中有什么作用？

（3）情绪调节如何实现？

（4）情绪对记忆的影响是如何发生的？教师在教学中应如何利用这一功能提高学生的学习效率？

（5）情绪的神经机制是什么？这方面知识对于教学有何启发？

（6）在教学过程中应采取何种策略促进学生社会情感能力的提升？

6.9　推荐阅读

[1]　爱莫迪诺. 情绪学习与脑——探索情绪神经科学对教育的启示 [M]. 杨周频，陈佳，张立飞，等译. 北京：清华大学出版社，2020.

[2]　卡巴金. 正念地活——拥抱当下的力量 [M]. 童慧琦，顾洁，译. 北京：机械工业出版社，2024.

[3]　卢家楣. 心理学与教育——理论和实践 [M]. 3 版. 上海：上海教育出版社，2016.

6.10　参考文献

[1]　Gross J J，Thompson R A. Emotion：Conceptual foundations[M]//Handbook of emotion regulation. New York：Guilford Press，2007：3-24.

[2]　Wang M，Saudino K J. Emotion regulation and stress[J]. Journal of Adult Development，2011，18（2）：95-103.

[3]　Adolphs R，Tranel D，Damasio H，et al. Impaired recognition of emotion in facial expressions following bilateral damage to the human amygdala[J]. Nature，1994，372（6507）：669-672.

[4]　Cohen M J，Riccio C A，Flannery A M. Expressive aprosodia following stroke to the right basal ganglia：a case report[J]. Neuropsychology，1994，8（2）：242.

[5]　Izuma K，Saito D N，Sadato N. Processing of social and monetary rewards in the human striatum[J]. Neuron，2008，58（2）：284-294.

[6]　Anderson B A，Laurent P A，Yantis S. Value-driven attentional priority signals in human basal ganglia and visual cortex[J]. Brain Research，2014，1587（1）：88-96.

[7]　Vogel S，Schwabe L. Learning and memory under stress: implications for the classroom[J]. npj Science of Learning，2016，1（1）：1-10.

[8]　Kabat-Zinn J. Wherever You Go，There You Are：Mindfulness Meditation in Everyday Life[M]. New York：Hyperion Books，1994.

第 7 章

大脑可塑性与动机的激发和维持

本章思维导图与关键问题 ▶

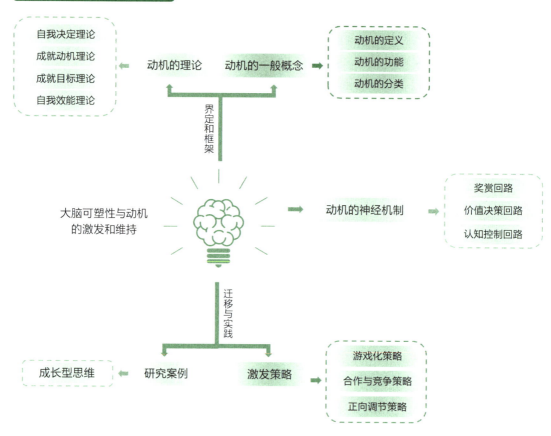

- 动机的定义、功能和分类分别是什么?

- 动机的主要理论和它们之间的差异与联系是什么?

- 动机的认知神经机制是什么?

- 奖赏和惩罚对学习动机有什么影响?

- 基于认知神经科学研究进展生成的学习动机激发策略有哪些?

7.1　动机的一般概念

7.1.1　动机的定义

动机是指在目标或对象的引导下，激发和维持个体活动的内在心理过程或内部动力。动机决定了人们为什么决定做某件事，他们愿意坚持多长时间，以及他们会多么努力地做这件事。在教育中，动机对于个体的学习成果、自主学习能力、学习态度、创造力和创新能力等具有重要的影响和促进作用。

7.1.2　动机的功能

1. 激活功能

动机可以激励个体产生某些行为。具有一定动机的生物体对某些刺激特别敏感，特别是与动机有关的刺激，可以刺激生物体参与某些反应或活动。例如，饥饿的人对食物特别敏感，口渴的人对水特别敏感，由此，容易引发他们相应的搜索活动。

2. 指向功能

动机使个人的行为指向某个目标。由于动机的类型不同，个体的行为方向和追求的目标也不同。例如，在学习动机的控制下，学生的活动指向与学习相关的目标，如书籍、教室等；而在娱乐动机的控制下，学生的活动指向娱乐设施。

3. 维持功能

动机还具有维持功能，表现为行为的坚持性。在动机激发个体的某种活动后，这种活动能否坚持下去，同样受动机的调节和支配。动机的维持作用是由个体的活动与他所预期的目标的一致程度来决定的。当活动指向个体所追求的目标时，这种活动就会在相应动机的支配下维持下去；相反，当活动背离了个体所追求的目标时，活动的积极性就会降低，或者活动完全停下来。

7.1.3　动机的分类

研究者依照不同的标准，构建了不同的分类体系。这里择取其中较具代表性者进行介绍。

1. 原始动机与习得动机

根据学习在动机中所起的作用，可以将动机划分为原始动机与习得动机。原始动机是与生俱来的动机，它们是以人的本能需要为基础的，不需要学习。习得动机则是后天经过学习获得的动机。

2. 有意识的动机与无意识的动机

根据动机的意识水平，可以将动机划分为有意识的动机与无意识的动机。有意识动机是指个体能觉察到的，并对其内容明确的那种动机。无意识动机则是指具有不易觉察到的内在力量，对行为有显著影响的动机。

3. 外在动机与内在动机

根据动机的来源，可以将动机分为外在动机与内在动机。外在动机是在外界的作用下产生的动机，例如奖品、奖金、荣誉等外在因素。内在动机与外在动机相对立，是由个体的内在需求引起的动机，例如，学生的学习目的就是内在动机。

4. 生理性动机与社会性动机

根据动机的性能，可以将动机划分为生理性动机与社会性动机。其中，生理性动机以个体的生物学需要为基础，例如饥饿、口渴、性、睡眠等。社会性动机，是以人的社会文化需要为基础的。例如，人有权力的需要、社会交往的需要、成就的需要、认识的需要等，因而产生了相应的权力动机、交往动机、成就动机、认识性动机和学习动机等。教育学领域常关注兴趣、成就动机和学习动机三类社会性动机。

兴趣是人们探究某种事物或从事某种活动的心理倾向，它以认识或探索外界的需要为基础，是推动人们认识事物、探求真理的重要动机。人对有兴趣的东西会表现出很高的积极性，并且产生某种肯定的情绪体验。如学生对某一学科有兴趣，就会推动他努力学习，广泛涉猎有关的知识，从而影响对未来职业的选择；例如，教师对教育工作有浓厚的兴趣，就会推动他们刻苦钻研业务，废寝忘食地工作。

成就动机是人们希望从事对自身有重要意义的、有一定困难的、具有挑战性的活动，在活动中取得优异成绩，并能超过他人的动机。例如，一个幼儿园的孩子希望自己搭的积木又高又稳，超过同伴；一名小学生希望自己在考试中获得好成绩，能名列前茅。

学习动机是人类的一种重要的社会性动机，是直接推动学生进行学习的内部动力。它表现为对学习的意向、愿望或兴趣等形式，对学习起着积极推动的作用。其内容主要涵盖知识价值观、学习兴趣、学习能力和成就归因四个维度。学习动机具有激发、指向和调节的功能，与学业成绩密切关联。

7.2 动机的理论和模型

动机研究史上最早的理论之一，是某些事物会让人产生动机。因此根据激励人们行为的内容不同，在心理学领域产生了不同的动机理论。

7.2.1 自我决定理论

自我决定理论由美国心理学家瑞安（Ryan）和德西（Deci）提出，是关于人类自我决定行为的认知动机理论，如图 7-1 所示。该理论强调人的自主性，关注人类的行为中受到自我决定或自愿的程度，关注个体的主动性与社会情境之间的关系[1]。该理论将个体的内部动机（intrinsic motivation）概念作为基础，阐述了外部环境促进外部动机内化和内部动机产生的过程，同时反映出外在干预影响个体内部动机的有效路径。

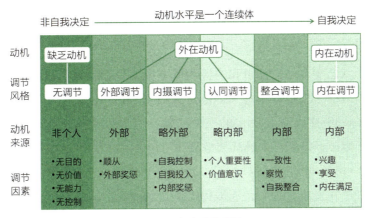

图 7-1 自我决定理论

该理论从积极心理学的视角，将个体视作积极能动的有机体，自然拥有自我成长和发展潜能，指出外部动机向内部动机的转化是以三种基本心理需要（自主性、能力、归属的需要）在外部环境中得到支持和满足为条件的。在内部动机的驱动下，个体容易在活动过程中获得强烈的兴趣和力量并可能产生忘记时间和自我的体验，由此即可有效地执行各项功能，并以健康的方式发展。

依据自我整合程度的差异，自我决定理论将动机进一步划分为无动机、外部动机和内部动机三种类型，并把个体的自我整合视作由无自我决定到自我决定的连续体。无动机是指个体不知道自己行为的原因，缺乏基本的行为动力，表现为无目的、无意向、无自我控制的状态。内部动机是指个体的行为受本身的兴趣和爱好驱动，它所推动的行为完全是自主的，不需要外部条件的参与。外部动机则主要指个体的行为是为了获得某种与自我可以分离的结果，是受外界环境调节的行为驱力。

外部动机随着自我决定程度的递增可分为四种：①外部调节（external regulation），个体的行为与获取奖励或者避免惩罚相关，其行为的自主性最小，个体能够体验到自己的行为的可控性。②内摄调节（introjected regulation），指个体通过知觉到的自我价值（如自信）与威胁（如羞愧）对自己的行为进行调节，这种调节与自尊或自我价值存在密切关联，是个体接受某种规则和价值观的过程，但并未把规则和价值内化为自我的一部分。这时，个体为了避免内疚、羞耻，或为了获取自我肯定而开展活动，由此具有了一

定的自主性，但由于会体验到一种外部的控制，故仍不能归为自我决定的形式。③认同调节（identified regulation），是个体认识到某种规则和价值观的重要性，并将其作为自己的一部分加以内化，以更多地体验到自由和意志。但这种行为仍然是工具性的，缺乏自发性的愉悦感和满足感。④整合调节（integrated regulation），这是外部动机内化程度最高的一种形式，个体不仅认同并纳入了某种价值，还将外在的价值观与自我的其他方面进行整合。整合调节与内部动机非常相似，两者都有很强的自主性和自我决定性。但由于内部动机强调自身对活动的兴趣，整合调节尚非内部动机，其更看重行为对结果的重要性，仅将行为当作实现目的的手段，具有工具性的成分，有异于完全自发的、积极的、整合的状态。

在四种调节状态中，外部调节和内摄调节主要是受控制的状态，个体多因迫于外界的压力而行动，被称为控制性动机（controlled motivation），类似于传统的外部动机。在认同调节和整合调节中，自我决定的成分较多，因而被称为自主性动机（autonomous motivation），个体已经接受了外部环境的要求，并在很大程度上将外部环境的要求与自我进行整合。

自我决定理论在发展过程中，逐步构建了丰富的分支，代表性的理论有基本心理需要理论、有机整合理论、认知评价理论和因果定向理论等。它们分别从个体基本心理需要、外部社会环境、个体发展和个体差异四个方面描述人的发展，强调个体自我选择、自我决定在人的发展中的决定性作用。

在教育环境中，运用自我决定理论的核心是引导学生做自我决定，促使外部动机退减，内部动机增长，亦即从"要我学"向"我要学"转变。许多研究表明了这类转变的必要性，此处，谨择一论述加以归纳，"只是追求那些外界强加给他的价值和目标的人是不自由的，因为他丧失了内在动机和真正的自主，也无法获得真正持久的幸福"[1]。

7.2.2 成就动机理论

19世纪30年代末，美国心理学家默里（Murray）提出了成就动机的概念，并将其定义为"克服障碍、施展才能、力求尽快尽好地解决某一难题"。20世纪四五十年代，麦克里兰德（McClelland）和阿特金森（Atkinson）将其修订、表述为"在具有某种优胜标准的竞争中对成功的关注"；后来，二人据此思想，构建了成就动机理论。该理论认为，成就动机强的人乐于追求成功，愿意接受富有挑战的工作任务；遭遇逆境时，他们倾向于把自己的失败归因于努力不足而非运气或天赋因素。

阿特金森把个体的成就动机分为两类，第一类是力求成功的需要，第二类是避免失败的需要。按照个体对这两类动机的偏向，又可对应界定"力求成功者"和"避免失败者"。其中，后者的一个重要特质是：倾向选择极简单或极困难的任务，以期免遭失败或失败后便于寻找借口。而"力求成功者"则乐于选择能带来最大现实挑战感受的、成功概率约为 50% 的任务。

阿特金森还提出了成就动机的量化模型，将其表述为成就需要、成功的可能性和成功的诱因值三个因素的乘积，即 $T=M \times P \times I$；其中，T 代表成就动机的倾向，M 代表成就需要，P 代表成功的可能性，I 代表成功的诱因值。成就需要是一个人追求成功的相对稳定的特质，是"成就中体验到自豪的能力"。成功的可能性来自个体对情境或任务的认知，也就是个体对完成某项任务可能性的认知。成功的诱因值，是成功给个体带来的价值感和满足感。成功的诱因值是情感性的，与成功率呈反例关系，即容易的任务，成功率高，诱因值低；而困难的任务，成功率低，诱因值高。

研究显示，拥有强烈成就动机的学生在学习过程中表现出更高的积极性和更强的毅力。同时，成就动机与学习效率和学习成绩间的正向关联也被许多研究所证实。但也有观点指出，过高的成就动机也会产生一些潜在的负面效应，例如强烈成就动机者可能具有以下不良行为表现：①顺从——如果他认为顺从可以作为达到目标的手段的话；②欺骗——如果他认为欺骗可以获得酬赏；③自我攻击和罪疚感——因为他的成就未能达到他的抱负水平；④高度的肌紧张和精神病征兆。

影响成就动机的因素主要来自家庭教育、学习经历中的成败经验和师生的集体评价等三个方面。研究发现，成就动机的根基奠定于家庭，家庭的意图、态度和价值观系统都会影响孩子的成就动机，此外，父母的个性特征和教养方式也与他们孩子的成就动机和学习成就有关。教学实践证明，在学习过程中，成功信息（如取得高分）能够激励、提高学生的成就动机，反之则会抑制学生的成就动机。教师和学生集体的评价是影响学生成就动机的另一个重要变量。事实证明：一个学生若经常得到教师和班集体的积极评价，则他的成就动机和志向水平会提高；相反，若长期得到消极评价，则成就动机和志向水平会降低。

美国教育心理学家奥苏贝尔（Ausubel）认为，成就动机是学生课堂学习的主要动机。同时提出，学校情境中的成就动机可解析为三种成分。第一是认知内驱力，即掌握知识、系统地阐述问题并解决问题的需要；第二是自我提高的内驱力，指个体因自己能胜任工作而赢得相应地位的需要；第三是附属内驱力，意谓个体为获得长者（如教师、家长等）的赞许和认可而表现出来的把工作做好的一种需要。这三类成分在不同的人生时期各自占据不同的比重。在儿童时期，附属内驱力是成就动机中的主要成分，到了儿童后期和青少年期，自我提高的内驱力和认知内驱力就成为强有力的动机因素。

7.2.3 成就目标理论

20 世纪 80 年代，尼科尔斯（Nichols）和德韦克（Dweck）等人将成就目标的概念引入动机研究领域，在这之后，成就目标理论迅速发展成为动机研究中最受欢迎的框架之一，并在 20 世纪 90 年代与 21 世纪初成为相关学界，尤其是教育主题的研究中占据主导位置的理论。

成就目标理论将成就目标描述为一种有组织的信念系统，成就目标反映了个体对成就任务的一种普遍取向，与目的、胜任、成功、能力、努力、错误和成就标准等有关。起初，成就目标理论提出用两种成就目标概念来整合不同研究者提出的表述，即掌握目标（整合学习目标和任务卷入目标等）和表现目标（整合表现目标和自我卷入目标等），这就是成就目标最初的两分法或两分模型（dichotomous model）。掌握目标（mastery goals）追求能力的发展和任务掌握，假定与个体的内在兴趣、深度认知加工、积极情绪、坚持性、学业投入，以及更高的学业成绩有关；表现目标（performance goals）则追求相对于他人的能力的展示，假定与个体的外在调节、表层认知加工、消极情绪、自我设限，以及更低的学业成绩相联系。这两种不同的目标影响个体对成就情境的体验和对成就行为的解释。

后来，为了解决学界有关"表现目标的非适应性功能"的争论，研究者进一步整合了趋向-回避这一经典成就动机效价维度，认为应当在这一维度建立对表现目标的区分，由此建构了成就目标的三分模型（trichotomous model）。如此，成就目标即包含掌握目标（mastery goals）、表现趋向目标（performance-approach goals）和表现回避目标（performance-avoidance goals）。表现趋向目标追求与他人比较时展示能力或胜过他人，表现回避目标则追求避免能力欠缺或不及他人。研究结果表明，掌握目标与个体的适应性结果相关，这和以往研究的观点一致；表现-回避目标则与个体非适应性的认知、情绪和行为相联系，而在表现-趋向目标对个体相关心理过程和结果的影响上还没有一致结论。

现今研究中，成就目标理论的完备形式被称为2×2成就目标模型（见表7-1）[2]，认为成就目标就包括趋向和回避型掌握目标、趋向和回避型表现目标。总的来看，两分模型、三分模型，以及广泛流行的2×2模型，它们所述成就目标的核心都是能力（competence），个体何以定义能力，关注能力的正面还是反向结果，决定了个体建立与采纳哪类目标。个体对能力的定义体现在掌握-表现维度，对能力积极或消极结果的追逐则体现在趋向-回避维度。

表7-1　成就目标四分法

目标取向	趋向型	回避型
掌握	关注：掌握任务、学习和理解； 采用的标准：自我提高、进步、深入的理解	关注：避免误解，或没有掌握任务； 采用的标准：只是别出错；完美主义，不要犯错误
表现	关注：超越、战胜别人，成为最好的自己； 采用的标准：规范性的——得到最高分，在竞争中取胜	关注：不要显得愚蠢，避免失败； 采用的标准：规范性的——别成为最差的，别得到最低分数或成为最慢的

Elliot等在2002年的几项研究显示，成就目标与学生的学习结果间存在显著的相关性，这种联系的细分机制涉及学业成绩、学习动机、学习策略、成就情绪、学业兴趣等

一系列方面[3-4]。此外，基于以上认识，部分研究者也开始把学生生命中的两个重要的"他人"角色（即教师和父母）纳入研究视野，关注和探索学生感知到的教师和父母的成就目标对学生学习的影响。

7.2.4 自我效能理论

自我效能理论是班杜拉（Bandura）提出的有关动机的社会认知模型，如图 7-2 所示。自我效能意指个体对自己能否成功地完成某一行为的主观判断，是个体对自身能力自信程度的具体体现。自我效能与自信的概念具有一定的相似性，但也存在差异。自信描述了行动者对自己所做之事具有信心，是对不存在特定指向性的一般事务的积极执行态度。自我效能则是指，基于自己过往对某一特殊工作或事务的经验，确认自己拥有处理该工作的效能；故自我效能被定义为，个体对特定情境所要求的行为所表现出的自信感。

如图 7-2 所示，自我效能有四个来源：成功经验、唤醒状态、替代性经验和社会性劝说。成功经验是直接经验——效能感信息的最有力资源[5]。成功会提高效能感，失败则会降低效能感。唤醒状态既可能是生理的，也可能是情绪的，其对自我效能的影响，取决于对唤醒状态的解释。例如，面对任务产生紧张感，这如果被解释为焦虑，则会降低效能感；若被解释为兴奋，则可提高效能感。替代性经验源自作为榜样的其他人成功完成的行为。榜样被认同程度越高，其对自我效能感的影响就越大。当榜样做得好时，自我效能感就高；反之亦然。社会性劝说既可以是"鼓舞人心的激励性言辞"，也可以是对特定行为表现给出的反馈。鼓励性言辞能够推动学生付出努力、尝试新的策略或竭尽全力取得成功。社会性劝说也能够帮助学生抵抗突如其来的挫折，这些挫折往往会令人产生自我怀疑，并且挫伤学生的毅力。社会性劝说的有效性，取决于劝说者的可靠性、学生对其信任程度以及双方的专业水平。

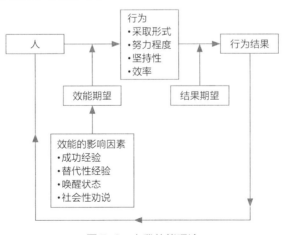

图 7-2　自我效能理论

自我效能理论关注对成功的预期，其中涉及两类预期信念：结果预期与效能预期。结果预期是指个体估计某一行为将导致某种特定结果；效能预期指个体可以相信自己能

成功地完成某个任务以产生某种结果。结果预期和效能预期是不同的，个体可以相信某一特定行为必将产生某种结果，但是如果对成功完成活动的行为能力持怀疑态度，那么将影响行为的实施，进而影响行为的结果。有研究将低自我效能感和高自我效能感的学习者进行对比，归纳发现：双方在任务定向、努力、意志力、信念、策略运用和成绩表现上，均具有显著的不同。自我效能感首先会影响行为投入。高自我效能感的学习者倾向于直面学习挑战，投入程度与坚持性更佳；较低自我效能感的学习者则易夸大挑战的困难而选择放弃。同时，自我效能感也会影响情感投入。高自我效能感的学习者从事任务时冷静、沉着，更多地关注学习问题；而低自我效能感的学习者会感到紧张不安，更多地关注自己的情绪反应。此外，自我效能感还会影响认知投入。高自我效能感的学习者常积极采用深层加工策略（如精致策略、组织策略等），用元认知策略对自己活动进行计划，调节与监控；而低自我效能感的学习者的学习过程多缺乏技巧性。

7.3　动机的神经机制

动机神经机制的研究始于动物实验。20 世纪 50 年代，对动物脑部的电刺激促使发现下丘脑处负责愉快的情绪。这之后，认知科学理论与测量技术快速发展，逐渐形成了有关动机神经机制的科学理论。Sung-il 提出，动机是一个涉及诱发、完成和维持三个阶段的动态连续过程，并分别对应奖赏回路、价值决策回路与认知控制回路三类神经网络[6]。

如图 7-3 所示，动机的神经机制可以理解为在腹侧纹状体（ventral striatum，VS）和杏仁核（amygdala）接收由中脑腹侧被盖区（ventral tegmental area，VTA）发出的各类奖赏信息之后，眶额叶皮质（orbitofrontal cortex，OFC）和腹内侧前额叶皮质（ventromedial prefrontal cortex，vmPFC）做出价值判断与目标导向的决策，并把相应信息传送到前扣带回皮质（anterior cingulate cortex，ACC）和背外侧前额叶皮质（dorsolateral prefrontal cortex，dlPFC），从而在认知控制层面维持目标导向的行为。

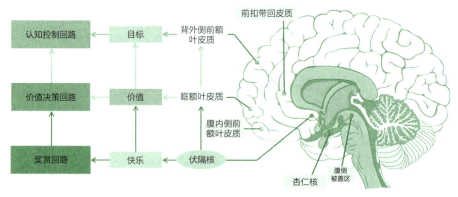

图 7-3　动机的神经机制

7.3.1 奖赏回路

神经科学的研究表明，奖赏与动机密切相关，譬如，物质奖赏和社会奖赏都能有效诱发动机。Schultz提出，大脑在处理奖赏信息的过程中，会产生积极情绪，进而提升个体执行目标行为的意愿[7]。如图7-4所示，参与奖赏信息处理的大脑区域主要包含中脑腹侧被盖区、杏仁核以及腹侧纹状体。其中，腹侧纹状体在奖赏预期过程中和实际接受各类奖赏时都表现出很高的活跃状态，因此被视作大脑的"快乐中心"。杏仁核是大脑中处理奖赏信息的另一个关键区域，一方面，其作为情绪中心对惊惧等负面信息特别敏感；另一方面，它与腹侧纹状体协同负责对奖赏绝对价值的感知。

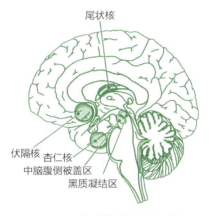

图7-4　奖励激活的大脑区域

奖赏与多巴胺

和奖赏紧密联系的大脑区域主要分布在多巴胺通路中。多巴胺是由中脑腹侧被盖区分泌的一种神经递质，主要通过中脑边缘（mesolimbic）和中脑皮质（mesocortical）两个通路在脑内传递。在中脑边缘通路中，中脑腹侧被盖区的神经元与腹侧纹状体、杏仁核，以及海马（hippocampus）相连。而在中脑皮质通路中，多巴胺则由中脑腹侧被盖区传递到内侧前额叶皮质（medial prefrontal cortex，mPFC）、前扣带回皮质，以及嗅周皮质（perirhinal cortex，PRh）。中脑边缘通路主要负责奖赏的预期和学习，而中脑皮质通路则负责奖赏的相对价值分析以及目标行为的引导和认知控制。

7.3.2 价值决策回路

在动机被诱发后，如何将"意愿"转变为"行为"是动机实现的关键问题。价值决策是采取行动之前的必要过程；个体需要基于对若干备选方案的价值判断，从中选取价值最高的方案，以待执行。因而，期待–价值理论将个人选择视作一个有效的动机行为指标。

总体来说，价值决策的神经基础包括前额叶皮质（prefrontal cortex，PFC）、纹状体

（striatum）、杏仁核、岛叶（insula）等在内的皮质和皮质下结构。其中，眶额叶皮质和腹内侧前额叶皮质是参与价值决策的主要脑区（见图7-5）。研究发现，腹内侧前额叶皮质是综合处理期待价值信息的重要区域；眶额叶皮质负责编译各种来自外界环境的相关信息并进行价值分析，以指导未来决策的过程。此外，眶额叶皮质是感知抽象价值信息并分析比较价值的关键脑区。近年来，眶额叶皮质和腹内侧前额叶皮质在结构和功能上的紧密关联也得到验证。

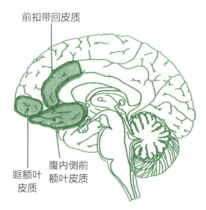

图7-5　价值决策相关脑区

7.3.3　认知控制回路

做出选择，便有了明确的行动目标。在实际执行的过程中，个体需要持续维持目标的相关信息，规划并监控目标相关信息的实现进度。这些功能主要由大脑中目标导向的认知控制神经网络负责。如图7-6所示，参与认知控制过程的两个核心脑区是前扣带回皮质和背外侧前额叶皮质。前扣带回皮质的主要功能包括整合认知和情感、注意力控制、行动监测、错误检测、有效抑制以及策略修改等认知控制策略。其中，前扣带回皮质的腹侧部分负责处理关于情感的信息；而前扣带回皮质的背侧部分和背外侧前额叶皮质相连，主要负责工作记忆和认知控制。现存研究还表明，背外侧前额叶皮质在负面情绪调节和选择延迟奖赏的过程中具有重要作用。

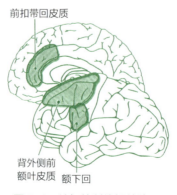

图7-6　认知控制的相关脑区

7.4 奖励和惩罚对学习动机的影响

上一节从整体上论述了动机的神经机制，为解析和调控不同主题情境下的各类动机提供了宏观框架。作为动机的一种，学习动机及其有效激发是教育领域尤其关注和经常讨论的问题。基于奖赏能够有效诱发学习动机的观点，我们注意到，奖励和惩罚既是常态化的教育实践，也与学习动机激发的奖赏回路密切相关。因此，有必要从神经科学的角度，阐明奖励和惩罚对学习动机的影响。

Kim的研究表明，奖励能够诱发接近动机，而惩罚会诱发规避动机；尽管两类动机引发的行为不同，但共享同一神经机制[8]。Lieberman等的调研结果显示，奖励（如称赞、协作、选择权等）能够像初级奖赏（指各种原始生理快感）一样，激活相应的多巴胺通路；而惩罚（如言语攻击、不公平对待、相对比较等）则会诱发负面情绪相关脑区，即奖励（与惩罚）和初级奖赏一样，都是影响学习动机的关键因素[9]。这启示教育者，应当设法借助教育环境下的正向社会信息（如表扬、信任等），激发青少年大脑中的奖赏通路，诱发学习动机；相似地，也应设法规避负面因素（如欺凌、分流等）引起的学业厌烦及其对青少年大脑发育的消极作用。

Bjork等注意到，青少年和成年人对奖赏反应的处理方式不同[10]。Leijenhorst等的研究进一步发现，青少年的腹侧纹状体对实际受到的奖赏非常敏感，而成年人的腹侧纹状体则更侧重对于奖赏的预期[11]。于是，尚未得到奖赏时，青少年容易直接产生负面情绪，而成年人的大脑则倾向于设法获取奖赏。此外，Van等对大脑背外侧前额叶皮质观测的结果显示，不同年龄群体的活动水平存在差异[12]。低龄（8~9岁）儿童的背外侧前额叶皮质仅对正面信息有反应，18~25岁的成年人则相反。因此，在探讨奖励与惩罚对学习动机的影响时，还应考虑研究群体的年龄因素。

7.5 激发学习动机的策略

物质奖励对内在动机的侵蚀效应——德西效应

一位老人在一个小乡村里休养，但附近住着一些十分顽皮的孩子，他们天天互相追逐打闹，吵闹声使老人无法好好休息。在屡禁不止的情况下，老人想出了一个办法：他把孩子们都叫过来，告诉他们谁叫的声音越大，谁得到的奖励就越多，他每次都根据孩子们吵闹的情况给予不同的奖励。到孩子们已经习惯于获取奖励的时候，老人开始逐渐减少所给的奖励，最后无论孩子们怎么吵，老人一分钱也不给。

结果，孩子们认为受到的待遇越来越不公正，认为"不给钱了谁还给你叫"，再也不到老人所住的房子附近大声吵闹了。

为什么这些孩子不再吵闹了呢？我们来看看心理学的解释。

心理学家德西曾做过一个著名的实验，他随机抽调一些学生，让他们单独解一些有趣的智力难题。在实验的第一阶段，抽调的全部学生在解题时都没有奖励；进入第二阶段，所有实验组的学生每完成一个难题后，就可得到1美元的奖励，而无奖励组的学生仍像原来那样解题；第三阶段，在每个学生想做什么就做什么的自由休息时间，研究人员观察学生是否仍在做题，将此作为判断学生对解题兴趣的指标。

结果发现，无奖励组的学生比奖励组的学生花更多的休息时间去解题。这说明：奖励组对解题的兴趣衰减得快，而无奖励组在进入第三阶段后，仍对解题保持较大的兴趣。

实验证明：当一个人进行一项愉快的活动时，给他提供奖励反而会减弱这项活动对他的吸引力，这就是所谓的"德西效应"。

7.5.1 游戏化策略

根据凯文（Kevin）和亨特（Hunter）给出的经典定义，游戏化的内涵是在非游戏情境中使用游戏元素和游戏设计技术。教育学是最早开展游戏化研究和实践的领域，早在20世纪80年代，游戏即被应用于教育技术和学习中，形成了教育游戏的概念。教育游戏形式丰富，有基于平板或电脑的剧情游戏、视频卡牌游戏、动作游戏、角色扮演游戏和棋盘游戏等，每种教育游戏都可以作为一种学习辅助手段来支持学生的学习。

Koepp等提出，教育游戏常通过目标导向（如闯关、徽章等）的设计，驱动大脑的奖赏机制，过程中会激活眶额叶皮质、杏仁核、海马和前扣带回皮质，激活信号刺激腹侧纹状体后释放内源性神经递质多巴胺，从而激发学生的学习兴趣[13]。特别地，参考青少年对于奖赏的高易感性，以及内侧前额叶皮质对追踪与实现子目标的障碍感受的敏感性，有研究还建议对目标进行拆解和细分，通过建立积极的、难度更低的子目标，引导学生努力争取，以得到奖赏。

以教育游戏"数学城市"为例，学生置身于迷人的模拟城市环境中，每个建筑或资源都有与之对应的固定成本。学生一开始只有少量虚拟币来建设他们的数学城市，答对了不同难度的数学题就可获得不同数量的虚拟币，答错没有损失，答对了足够数量的题目就可进入下一关。过程中学生表现出更高的动机水平和学习参与度，潜移默化地习得了丰富的数学知识，对书本内容构成了有益补充。

7.5.2 合作与竞争策略

古罗马昆体良学派倡导"学生可以从互教中受益"，最早的合作学习的理念就源于此。发展至今，研究者开始共同关注合作与竞争的价值，将合作思想与竞争思想融合，构建了小组合作竞争等主题教学模式。

合作与竞争都是社会互动的形式，在人们执行合作性和竞争性的任务活动时，都能激活社会奖赏的大脑区域，具体涉及额顶叶网络（frontoparietal network，FPN）及前脑岛（anterior insula，AI）；但研究表明，不同脑区会根据社会互动的性质和奖赏价值而发生选择性激活。Decety 等发现，参与合作的过程中，左侧眶额叶皮质（left orbitofrontal cortex，LOFC）会被激活；而竞争过程则会激活内侧前额叶皮质[14]。尽管有研究肯定了竞争对提升学习动机和决策水平的正面作用，但也有结果显示在竞争中遭受损失（落差感、失败感等）会降低学习动机。故罗丹萍等在 2021 年建议，教学活动应以合作为主线，兼顾少量适度的竞争，同时为学习者提供交流工具和成绩量化展示的途径[15]。

以小学五年级加法练习试验为例，设置竞赛组与非竞赛组，进行为期十天的观察对比，每天公布竞赛组中成员的成绩，对进步与优胜者都赠予贴画，对非竞赛组则仅提供练习。结果显示，竞赛组不仅在过程中更主动地参与练习，成绩也显著优于另一组。其他实验还证明，在提升学习动机方面，个人竞赛和团体竞赛的效果皆优于常规组。

7.5.3 正向调节策略

正向调节策略是在教育情境下，对学生的心理状态进行积极导引的一系列方式的综合。具体可以包含激发愉悦情绪、强化自我效能感与正确归因等方法。研究者基于多巴胺投射路径，揭示了积极情绪改善认知的脑机制会驱使个体思考实现目标的有效行动方案以获得预期奖赏。Zhu 等的研究指出，胜负经历会重塑中缝背侧丘脑（thalamus）到前额叶皮质环路中控制努力行为的神经元以调节社会竞争优势，即自主维持胜利者效应；或可用"成功是成功之母"来解释自我效能提升学习动机的机制[16]。正确归因（指学生把努力、方法看成使自己成功和失败的主要因素的一种积极的归因倾向）则主要可用动机的目标导向控制理论加以解释，即有效减少目标实现的方法论困惑，使学习者能够专注于达成学习目标的有效路径。"成长型思维"便是多维度运用正向调节策略的典范，帮助学生构建面对困难、克服困难的自我信念，从而提升学习动机。

7.6 教育案例和分析

成长型思维最早由斯坦福大学心理学教授德韦克（Dweck）提出，在该思维诞生的十几年间，其受到教育从业者和研究者的广泛关注。

此处所引案例是美国、智利等国家的研究人员为探索成长型思维的实践成效所开展的田野式实证研究。Yeager 等将详细内容，以《一项全国性的实验揭示了成长型思维模式可以提高学生的学业成就》为题发布于权威杂志《自然》[17]。

来自得克萨斯大学奥斯汀分校和加州大学欧文分校的研究团队，在美国挑选了 65 所普通的公立学校，以所有九年级学生为样本总体，随机选取 12490 名学生进行实验；在

基线评估中检验了实验样本的异质性，以保证抽样的丰富度与客观性。之后在其中择取学习成绩处于中等和中等以下水平的，绩点成绩通常在 2 以下（满分为 4）的学生，建立小样本组，与大样本组进行比较研究。

研究所施加的干预，旨在降低受固定型思维诱导的消极观念，提升学生对自身潜能的信心，用发展的视角来看待自己。具体干预方案包括两个阶段的自我管理在线课程，单个课程持续约 25 分钟，两次上课时间间隔约为 20 天。在第一阶段的干预中植入了成长型思维的基本理念，即个体的能力可以通过努力、接受有挑战性的工作、改进学习策略和寻求适当的帮助来发展。第二阶段干预则是为了加深学生对这一思想的理解并运用于日常。另外，还将激励性劝说、讲述成功故事等形式作为辅助干预手段。在互动部分，学生反思自己在学校的学习，以及如何运用成长型思维帮助一名学业困难的九年级学生。

经过第一个阶段的实验，受测的四门功课成绩均有提高，其中数学和科学变化绝对值较高，普遍高于英语和社会科学。值得一提的是，全球教育界普遍流行数理学习水平多取决于天赋的观点。由此显示了成长型思维的干预和指导，对改变学生的消极信念、固定型思维以及学业成绩发挥了积极的作用。成长型思维和固定型思维方式的特点如图 7-7 所示。

固定型思维

成长型思维

•我的聪明才智决定了一切。
•我擅长某些事，不擅长另一些事。
•我不想尝试我可能不擅长的东西。
•如果我失败了，我就无地自容。
•我希望你表扬我很聪明。
•如果别人成功了，他会威胁到我。

•我的态度和汗水决定了一切。
•我可以学会任何我想学会的东西。
•我想要挑战我自己。
•当我失败的时候，我学会很多东西。
•我希望你表扬我很努力。
•如果别人成功了，我会受到启发。

图 7-7　成长型思维和固定型思维

研究者还注意到，那些成绩较差学生的变化，甚至更为显著，并从提升空间的角度给出了解释。更令人印象深刻的是，经过成长型思维干预和指导的学生更乐于接受学业上高难度的挑战，对之前有畏难情绪的课程的主动性和时间投入明显提高。研究表明，接受挑战、迎难而上可以刺激树突的生长，而大量练习与长期努力则会进一步助力大脑的积极发展。

Mangels 等基于神经科学的研究表明：个体有关能力的自我信念及其相关目标会通过自上而下的控制过程积极影响注意力及相关的一些脑区（如外侧前额叶皮质、顶叶和前扣带回皮质），从而影响对注意焦点的信息的加工[18]。具体而言，当受试者持有"在上一门课时，证明自己比其他同学更聪明非常重要"这样的固定思维时，前额叶皮质诱发电位P3对消极反馈的反应幅度就增大，这在一定程度上表明，他们会在后续将注意资源转向对自己表现的内在反思，由此偏离了与学习直接相关的信息，导致错误重复发生。成长型思维的学生则在犯错后，呈现出更多与错误积极反应关联的脑波。Myers等还借助脑成像的结果发现，成长型思维与腹侧和背侧纹状体和前扣带回皮质的联结显著相关，这也许可以归结于具有成长型思维的学习者会根据新信息更新学习策略和方案的内在机制[19]。

事实上，成长型思维对学习动机的真正意义在于激发学习者的内在动机（兴趣、好奇心等），依靠自我目标设定、进展感知而非外部奖赏来激活奖赏通路，过程中产生的自我效能、积极情绪和正确归因会不断强化"学习动机—学习行为—反馈调整"的良性循环。成长型思维理论有力颠覆了人们所认为的"智力是无法改变"的观念。无论是德韦克的原创研究，还是后来跟进的应用研究，都已经表明，智商就如同肌肉一样，是可以被发展的。这无疑与来自认知神经科学有关神经可塑性的研究结果非常契合。学生只要挑战大脑舒适区（comfort zone）的极限，去学习一些新的和有难度的东西，大脑神经元就会发展出新的连接，人会变得越来越聪明。

制定成长型思维的SMART目标

SMART 指的是：

（1）明确性（specific）——明确描述你的成长型思维目标；

（2）可衡量性（measurable）——写下你打算如何跟踪过程，向目标挺进；

（3）可操作性（actionable）——写下你为达到目标需采取的具体措施；

（4）现实性（realistic）——写下你实现目标所需的资源与支持；

（5）时限性（timely）——写下实现目标的最终日期。

7.7　总结与反思

7.7.1　本章总结

（1）动机是指在目标或对象的引导下，激发和维持个体活动的内在心理过程或内部动力。动机具有激活功能、指向功能和维持功能。

（2）根据动机的性能，可以将动机划分为生理性动机与社会性动机，教育学领域常关注兴趣、学习动机和成就动机三类社会性动机。

（3）动机的理论主要包括自我决定理论、成就动机理论、成就目标理论和自我效能理论。

（4）动机的神经机制可以理解为在腹侧纹状体和杏仁核接收由中脑腹侧被盖区发出的各类奖赏信息之后，眶额叶皮质和腹内侧前额叶皮质做出价值判断与目标导向的决策，并把相应信息传送到前扣带回皮质和背外侧前额叶皮质，从而在认知控制层面维持目标导向的行为。

（5）激发学习动机的策略有游戏化策略、合作与竞争策略和正向调节策略等。

7.7.2　反思内容

（1）某学生虽然学习比较投入，但他只为获得"高分"，而没有进行有意义的学习。结合此例，应当如何看待目标取向与行为表现和学习结果之间的关系？

（2）动机的神经机制是什么？对教学有什么启发？

（3）如何在教学中有效提升学生的学习动机？

（4）德西效应为教学带来哪些启发？

（5）如何培养持续型、终身型学习动机？

7.8　参考文献

[1] Ryan R M，Deci E L. Self-determination theory and the facilitation of intrinsic motivation，social development，and well-being[J]. American Psychologist，2000，55（1）：68-78.

[2] Pintrich，Paul R. Educational psychology at the millennium：a look back and a look forward[J]. Educational Psychologist，2000，35（4）：221-226.

[3] Thrash T M，Elliot A J. Implicit and self-attributed achievement motives：concordance and predictive validity[J]. Journal of Personality，2002，70（5）：729-755.

[4] Elliot A J，Thrash T M. Approach-avoidance motivation in personality：approach and avoidance temperaments and goals[J]. Journal of Personality and Social Psychology，2002，82（5）：804-818.

[5] Bandura A. Self-efficacy：toward a unifying theory of behavioral change[J]. Advances in Behaviour Research and Therapy，1977，1（4）：139-161.

[6] Sung-il K. Neuroscientific model of motivational process[J]. Frontiers in Psychology，2013，4：98.

[7] Schultz W. Behavioral theories and the neurophysiology of reward[J]. Annual Review of Psychology，2006，57（3）：87.

[8] Kim H，Shimojo S，O'Doherty J P. Is avoiding an aversive outcome rewarding？ Neural substrates of avoidance learning in the human brain[J]. Plos Biology，2006，4（8）：e233.

[9] Lieberman M D，Eisenberger N I. Pains and pleasures of social life[J]. Science，2009，323（5916）：890-891.

[10] Bjork J M，Knutson B，Fong G W，et al. Incentive-elicited brain activation in adolescents：similarities and differences from young adults[J]. Journal of Neuroscience，2004，24（8）：1793-1802.

[11] Leijenhorst L V，Zanolie K，Meel C S V，et al. What motivates the adolescent? Brain regions mediating reward sensitivity across adolescence[J]. Cerebral Cortex，2009，20（1）: 61-69.

[12] Van Duijvenvoorde A C K，Zanolie K，Rombouts S A R B，et al. Evaluating the negative or valuing the positive？ Neural mechanisms supporting feedback-based learning across development[J]. Journal of Neuroscience，2008，28（38）: 9495-9503.

[13] Koepp M，Gunn R，Lawrence A，et al. Evidence for striatal dopamine release during a video game[J]. Nature，1998，393（6682）: 266-268.

[14] Decety J，Jackson P L，Sommerville J A，et al. The neural bases of cooperation and competition: an fMRI investigation[J]. NeuroImage，2004，23（2）: 744-751.

[15] 罗丹萍，周加仙，付炳建，等.教育游戏在课堂教学中的应用：教育神经科学的视角[J].教育生物学杂志，2021，9（3）: 226-233.

[16] Zhu H，Hu H. Brain's neural switch for social dominance in animals[J]. Science China（Life Sciences），2018，61（1）: 113-114.

[17] Yeager D S，Hanselman P，Walton G M，et al. A national experiment reveals where a growth mindset improves achievement[J]. Nature，2019，573（7774）: 1-6.

[18] Mangels J A，Brady B，Justin L，et al. Why do beliefs about intelligence influence learning success？ A social cognitive neuroscience model[J]. Social Cognitive and Affective Neuroscience，2006，1（2）: 75-86.

[19] Myers C A，Cheng W，Black J M，et al. The matter of motivation: striatal resting-state connectivity is dissociable between grit and growth mindset[J]. Social Cognitive and Affective Neuroscience,2016（10）: 1521-1527.